傳說裡的心理學3

——厲鬼與妖怪——

諮商心理師 鐘穎 著

目錄

伍：厲鬼

陸：妖怪

伍：厲鬼

鬼，一如我們在〈冥戀〉傳說裡所談的那樣，象徵著我們否認與逃避的陰影。冥婚中的女鬼沾染了阿尼瑪的色彩，並藉由她們的存在，主角得以逐步面對自身的黑暗並將其收回，使之成為自己的一部分。但〈聶小倩〉故事已經告訴我們，有些黑暗是無法被簡單降服的，只有那已經成功走向個體化的勇敢之人，亦即燕赤霞才可能收服惡鬼夜叉。多數人在面對那突如其來的死亡衝動、復仇心、破壞與淩虐欲時往往不堪一擊。而那當中不僅有我們自身議題，還包含了許多根本無從追溯根源的本能願望。

在〈厲鬼〉的傳說裡我們要處理的正是這些先天本能願望所代表的集體層次。它在這點上與〈冥戀〉傳說極為不同，因為後者主要牽涉的是個人的個體化問題，而〈厲鬼〉傳說卻牽涉了整個社群。當我愈研究此類傳說，愈是覺得人的個體化歷程若遭到外界無情打斷，將會影響當地的社群甚至於整個人類社會。我相信個體化即是一種原型，它被每個生命要求去執行完整自身的任務，因而那些冤死、橫死的厲鬼正是在這個層次上影響了人們。他們要求完成生命的任務，即便是死後亦然。因而厲鬼受的傷、懷的恨需要被接納於廣大的集體心靈中，才能得到消化。從此觀點來說，個人生命的傷痛會讓所有的人類一起受傷，它的復原往往有賴於整體社會的進化。因此，我們在這裡會比較中國與臺灣兩地的厲鬼傳說，從中思考兩種集體心靈與意識所遇到的困境。

那黑暗中最黑暗的部分，那陰影中顯然與自身經驗無關的內容，就是被榮格稱為「原型層次」的東西。而在民俗中，我們把它稱為「厲鬼」。易言之，它殘忍、狂暴，難以被我們的心靈整合吸納。舉例來說，面對熟人的「背叛」時，我們心中就會被勾引出類似的東西，這種想要毀滅對方或自己的可怕心情，或許就可理解成厲鬼般的情緒。古人在面對厲鬼的時候採用的方式大致有三種。

第一，祭祀與安放。透過為厲鬼立祠或建廟來安撫它們，使之在該處定居，以免它四處遊走移動。透過畫分疆域的方式，厲鬼有了自己的位置，而我們心中難以化解的黑暗也有了自己的位置。易言之，保持距離，以策安全。經過祭祀的厲鬼也可能變成保境安民的神靈，從而消弭了神鬼的界線。第二，驅逐。傳統上被稱為「儺」（音「挪」）的儀式就是為了驅邪逐鬼用的。日本至今還盛行「節分祭」，時間是立春前一天，人們在這一天會戴上妖怪的面具，手持炒過的大豆撒在家裡及戶外，喊著「鬼出去！福進來！」中國過年傳說中的年獸也還帶有這樣的色彩，家家戶戶貼上紅紙、燃放鞭炮，驅趕妖怪。第三，除滅。在傳統上，只有上述方法都行不通的時候才會走上消滅厲鬼一途。但掌握殺鬼方法的往往只有僧道這樣的人物，而他們也以祭祀安放及驅逐厲鬼為優先。

從另個角度來看，厲鬼也可指稱我們內在的情結。我們隱微地覺知到它，給它一個偏僻的位置，然後小心翼翼地繞過它。當別人觸碰（或觸怒）它的那一刻，我就化成了厲鬼。直到情結再次被安撫，自我又重獲身體的主導權。即便如此，光是這樣思考厲鬼也是不充分的。厲鬼同時也如上述，象徵著潛意識裡那些非個人性的內容，那是普遍的、世代皆具的集體面向，亦即被榮格稱為「原型」的那些東西。只消思考〈聶小倩〉故事中的金華妖怪（電影裡則稱牠為「姥姥」）如何控制了聶小倩，差使她作惡殺人就可明白，情結與原型既有著上下隸屬的關係，也常一起發作，同時被激起。換句話說，厲鬼為祟既有個人，亦有集體性的因素。

而面對厲鬼，恐怖雖然是共通的情緒，但恐怖之外，也有人暗自竊喜認同，有人畏懼逃避。例如我們即將看到的，〈畫皮〉中的王生在巧遇扮成美女的厲鬼時喜不自勝，他的妻子陳氏則是懷疑謹慎，而道士則認為他邪氣縈繞，命不久矣！正因這樣複雜難辨的情感，我相信厲鬼傳說對任何人來說，都是很難處理的主題。

著名的存在主義作家卡夫卡在其名著《城堡》裡也傳達過類似的意涵。城堡的主人對小鎮居民來說是一個至高的存在，哪怕能當裡面一個下級官員的無給職信差，或者成為被不定期造訪的情婦都是無上的光榮。城堡是可看卻不可及的，沒有人知道它如何運作，但卻尊奉它為所有的一切。他在山上，村民們在山腳。他天威難測，人人都得小心翼翼。說他神聖崇高也對，但當中又明顯夾雜著恐怖畏懼的情感。卡夫卡在故事裡成功地寫出了這個矛盾的感受，如果就此推論他的心中有著厲鬼般的東西存在，我想也不能算錯吧！在此討論他的成長背景有些離題，我們暫且不表。但讀者很快就會看到厲鬼傳說裡就存在著這些恐怖卻神聖的事物。

一、蔣子文（中國・《搜神記》）

故事大綱

（1）蔣子文成神

蔣子文是廣陵郡人，喜歡喝酒，愛好女色，輕薄放蕩，沒有節制。他常說自己骨相清奇，死後會成為神。他在漢末擔任秣陵縣縣尉，某日追逐盜賊直到鍾山下，被盜賊打傷了額頭，他解下印綬綁住傷口，沒多久就死了。等到先主孫權建國之後，他生前的部下在路上遇見了蔣子文，看見他騎著白馬，拿著白羽扇，隨從也像他活著時那樣，於是趕緊逃走，沒想到蔣子文追了過來，告訴他們：「我將成為這邊的土地神來保佑人民，你們快去告訴百姓為我建廟，若不聽從，一定有災禍。」這年夏天瘟疫流行，百姓們都很驚恐，於是許多人偷偷拜祭他。蔣子文又傳話給巫祝：「我會大力保佑孫權，你們趕緊為我建祠。不然，我就讓小蟲鑽進人們的耳朵裡釀災。」不久，飛來了許多小如塵土的蟲子，一鑽進人的耳朵人就死去，醫生無法治療，老百姓更加恐慌，但孫權仍不相信。蔣子文又傳話給巫祝：「如果再不祭拜我，我就要用大火來禳災了！」這一年火災嚴重，一天就有幾十起火警，連官府也遭殃。官員們討論後認為，鬼魂一旦有了歸宿就不會再作惡，應該採取一些安撫措施。於是孫權派人封蔣子文為中都侯，他的第二個弟弟為長水校尉，都加贈印綬。還給蔣子文建祠，把鍾山改稱為蔣山，就是現在建康東北方的蔣山。從此後災禍都消失了，老百姓很隆重地祭祀起他。

(2)蔣侯召劉赤父

劉赤父夢見蔣侯召他去當主簿，約定的日子到了，他去廟裡陳情：「我母親年老，孩子也小，實在為難，還請您放過我吧！會稽的魏過多才多藝，很會侍奉神明，還請讓他代替我上任。」他一邊說一邊叩頭流血。廟祝回答：「蔣侯特地召你，魏過是誰？他能接受這種推舉嗎？」劉赤父還是堅持拜託，但始終都未獲同意。不久，劉赤父就死去了。

(3)蔣山廟戲配

晉武帝時，太常寺卿韓伯之子和王蘊、劉耽的兒子，三人一同遊覽蔣子文廟，廟中有幾個婦女的神像，容貌都很端正。這三人喝醉了，指著神像開玩笑，各自挑了一個當自己的配偶。那天晚上，三人都夢見蔣侯派人傳話：「我家的閨女並不好看，你們卻不嫌棄，願意結為連理。我已挑了某一天，會來迎接各位。」這三個人醒後都很驚恐，備好祭品前來請罪，請求原諒。但蔣侯又入夢了，告訴他們：「是你們先來眷顧我女兒的，約定的日子就要到了，怎麼可以臨時變卦？」不久後，三人都死去了。

（4）吳望子與蔣山神

會稽東邊有個女子，叫做吳望子，才十六歲，長得非常可愛。有天她要前往參加鄉裡的廟會，在河堤遇見了一位顯貴人物，非常端正。貴人坐在船上，身旁有幾十個小吏。貴人差人來問望子要去哪裡？望子說了，於是貴人就帶她一同前往。到達目的地後貴人就消失了，吳望子拜過神座後才發現那貴人正是蔣侯。蔣侯問她：「怎麼來得這麼晚？」還扔下兩顆橘子給她。後來蔣侯屢次現出原形與她相會，雙方情感愈來愈好。望子心裡想要什麼，空中就會掉出什麼。望子曾經想要吃鯉魚，一對新鮮的鯉魚就這樣憑空出現。望子身上的香氣，幾里外都聞得到，還有許多靈驗的事蹟，全縣的人都來侍奉她。過了三年，望子喜歡上別人，蔣子文就與她斷絕了往來。

（5）蔣侯助殺虎

陳郡人謝玉擔任內史，在京城居留。那一年猛虎為患，許多人都被咬死。有一個人載著年輕妻子，船上插著大刀，黃昏時來到哨所，巡邏的將官告訴他：「這裡最近野草很多，恐有猛獸藏匿其中，你帶著家眷實在不安全，還是在哨所住一晚吧！」後來將官就回去了。妻子才剛上岸，就被老虎咬走。丈夫拔刀大喊，想追上去。由於他過去曾祭拜蔣侯，因此大喊著蔣侯的名字請求協助。就這樣追趕了十里地，突然出現了一個黑衣人替他領路，他跟在後面走了二十里，抵達一個洞穴，裡頭的小老虎以為是母虎回來了，一個個都跑了出來。那人就在洞口把牠們殺掉，等了好久，母老虎才回來。母老虎回來後，把女人放了下來，拖著女人進洞。那人就趁機把老虎砍成兩半，老虎死後，妻子才醒過來。她身體沒有大礙，那人就扶著妻子回到船上。第二天晚上，他夢見一個人告訴他：「蔣侯派我來幫你，你知道嗎？」他回到家裡，就殺了豬酬謝蔣子文。

故事解析

慘遭橫死的厲鬼與凶神

為橫死者立祠祭拜是中國人普遍的傳統，一般相信，若不為橫死者立祠祭拜，就會引來冤魂作祟。早在《山海經》裡，就已出現了這樣的記載：「刑天與帝爭神，帝斷其首，葬之常羊之山，乃以乳為目，以臍為口，操干戚以舞」。意思是刑天本是炎帝之臣，善於音樂。在炎帝被黃帝打敗之後定居南方，直到蚩尤挑戰黃帝，才又加入蚩尤陣營。蚩尤戰敗之後，刑天不願服輸，手持巨斧（亦即「戚」）與盾牌（亦即干）與黃帝爭勝，結果失敗遭斬首葬在常羊山。但他死後卻冤魂不散，繼續頑

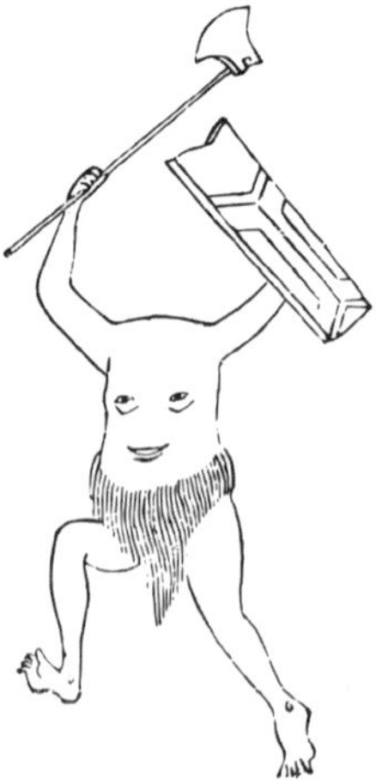

《山海經》是一本先秦時代傳下來的圖文冊，文字描述本是用來補充圖畫的不足，但是在時間長河的淘洗下，原有圖片已經遺失，只有文字留了下來。我們現在見到的山海經圖，基本上是後世畫師自行想像的作品。

■（明）胡文煥，《山海經圖》（16世紀）。
來源：國家圖書館，古籍與特藏文獻資源。

抗，以乳頭作雙眼，以肚臍作嘴，誓要反抗黃帝的統治。書中雖未明言，但從描述來看，刑天顯然是中國史上第一位因為慘死而化成的厲鬼或凶神。

而蔣子文信仰則更戲劇性了，他與刑天一樣死於戰禍，但他生前的地位低微，原是一介品行不端的軍官，在死後於孫吳時代的南方一躍成為土地神。《搜神記》寫得很清楚，他在成為土地神不久就因為孫權遷都建康，自立為帝，使蔣子文信仰從秣陵轉進帝都，建康城周遭的鍾山因此被改名為蔣山，地位得到進一步的穩固。

晉代由於五胡亂華而遷都南方，為了籠絡南方氏族，蔣子文的地位更是一路攀升，將他列為地郊四十四神之一，而東晉名臣王導為此出力最多。《晉書》跟《搜神後記》就曾記載，王導的長子王悅生病了，王導非常擔憂，忽見一人持刀被甲，非常雄偉。王導問：「你是誰？」那人回答：「我是蔣侯。特來幫助你的兒子，您不用擔憂。」說完後，他的兒子突然能進食了，一次就吃了好幾升。吃完後，蔣侯又現身氣急敗壞地回告：「生死簿上載明了王悅的陽壽已盡，我在管事者那裡軟硬兼施就是沒辦法更改，真是抱歉了。」沒多久，王悅果然病故。這則軼事顯示出王導與蔣子文信仰非常密切，後者已經打入了當時東晉的政治核心。

東晉亡國後，奠都於南方的六朝更是掀起了一波造神運動，先是劉宋禁掉了蔣子文以外的所有信仰，獨尊蔣侯與後起的蘇峻信仰，但後者不如前者。在齊東昏侯的時候，他更被封為帝，對蔣子文的崇拜來到了史無前例的高峰，在那個時期，打仗前祭拜蔣侯已經成為了政治習慣。梁、陳二代同樣如此，蔣子文因此成為了厲鬼傳說中地位最高的神祇之一。到了隋唐之後，因為帝王出身於關隴地區，蔣子文崇拜就開始受到了冷落，宋代之後蔣子文祠被焚，兩度重修，帝號仍然被宋代承認，只是民間已經不如以往熱情。

明代初年建都於南方，蔣子文信仰又受到官方的重視，但地位已經大幅衰落。明末學者顧炎武就說「今南京十廟雖有蔣侯，湖州亦有卞山王，而亦不聞靈響。而梓潼郎（指梓潼帝君，掌管文昌）、三官（指三官大帝，掌管三界一切事務）、純陽（指呂洞賓）之類以後出，而反受世人之崇奉。關壯繆之祠至遍於天下，封為帝君（指關聖帝君）。豈鬼神之道亦與時為代謝者乎？」顯見明代之後，民間的信仰風尚就已經轉移，令時人感嘆鬼神世界一如人間王朝，也有更迭遞嬗的狀況。雖如此，民間普遍認為，蔣子文就是十殿閻王中的第一殿秦廣王，掌管人間壽夭。

人本能性地恐懼那些無法控制的事物。對「不得好死」的人加以祭拜以避免鬼魂作祟，這可以說是人們在內心與黑暗妥協及交換的結果。我們已在前文提過「人所歸為鬼」，它是死亡焦慮的具象化，更是我們內在的陰影。而厲鬼有時就象徵著陰影中那些非個人性的事物。

青少年的毀滅衝動

舉例來說吧！在晤談室裡，自殺的想法是很普遍的議題，讀者或許很難想像，許多青少年的自殺意念是無來由的，找不到明確可見的原因。不比成年人，還可以明確指出經濟或育兒的壓力，但青少年卻不是如此。不論是人際關係、學校功課還是父母管教，都沒有特別令人不滿意的部分。但不知為何，自殺的念頭卻縈繞不去，深深地苦惱著他們。

著名的日本作家村上春樹在其名著《挪威的森林》中就描寫過這麼一段耐人尋味的故事。男主角渡邊徹回憶著他高中時期的好友木月與直子的往事，木月在一次三人的聚會結束之後，無來由地在家中引廢氣自殺。不僅身為好友的渡邊徹不知道原因，他的女友直子與家人也都不明白發生了什麼事。難道一個人的內心可以被莫名的黑暗佔據，但卻不被周遭的親友們所知悉嗎？生命最美好時刻的突然翻轉，生與死的兩面性在此躍然紙上。

青少年的自我尚未發展完整，介於童年與成人期之間的他們因此容易受到潛意識裡非個人性的內容所侵襲，若不能從這點思考，就絕對找不到合適的理由可以說明何以青少年的自殺意念是如此普遍，又如此毫無理由。因此稱這些毫無理由的自殺與毀滅衝動為我們心中的「厲鬼」，似乎是很合理的吧！不僅是在青少年這樣的過渡階段裡，還包括中年危機，乃至人生中其他的轉變階段，例如畢業、失戀、失業等，人們都容易受到這種黑暗的侵襲。這是我們心智水準下降（abaissement du niveau mental）的時刻，在這樣的時刻裡，潛意識內容變得特別容易被覺知，甚至侵入我們的意識。人的意識若不能有力地自我定位，就會變得憂鬱委靡。

內心的暗夜與白晝

每個人的心中都有一些旁人怎麼也無法理解的黑暗。多數人成功迴避了它，有些人怎麼也無法逃開。這不是一個總是如意的世界，在白晝日漸消退的時刻，黑夜即將吞沒我們，彷佛自己就要成為那無底深淵的一份子。燭火溫暖了手掌表面，但它終歸是微弱的，僅能照亮狹小之地。那不知道源於何處的聲音，不知道抵於何處的期待，把困在悲傷中的人撕扯成了兩半。黑暗問了你一個決定性的問題，你回覆了一個再也無法收回的答案。內心的群星黯淡了下來，時間永恆地靜止於那一刻。然後這一切就變成另一個難以開口的故事。

像我們這樣的輔導人員，在工作上沒有向死亡說不的空間。生與死之間的決鬥日復一日在晤談室裡上演。暗夜雖定期回訪，但白晝亦復如是。大自然教會我這件事，它帶來黑暗，也帶來光明。在隆冬籠罩的時候，我會記得未到的盛夏。人的內心若是存有四季，那麼春天就會再臨。

古人雖然不具備深度心理學的知識，卻很清楚地知道如何處理這些時刻。他們明白有些黑暗不能靠近，若是厲鬼危害家鄉，最好的方式就是安放一處，使之不能妄行離開。各種護身符、結界，以及陰廟的設置都有這樣的考量。

心理疾病源於無處安放的厲鬼

蔣子文愛好女色，輕薄放蕩，自視甚高，認定自己死後將會成神。於是他先是藉著恐嚇百姓取得了官方的認同（亦即孫權為之建祠），而後更在一連串的政治正確下，先後被封為王與帝，這樣荒謬的歷史事實果真應驗了恐懼是最大的力量。然而只這樣思考事實是不夠的，作為南北朝時期這數百年中最知名的厲鬼，蔣子文傳說還暗示著我們的心理動力是怎麼抗衡這些黑暗的。

厲鬼作祟，本是無可奈何之事。我們前面已經提到，青少年們並不是刻意要賣弄哀愁，或者無病呻吟。事實上，潛意識裡那些非個人性的內容才是讓他們備受困擾的根源。自殺意念可以簡單到只有一句反覆縈繞在心的命令：「把脖子割斷。」如果聽信了這句命令的人將之行動化（act out）表現出來，結局非得是自殺或殺人不可。我們曾在《故事裡的心理學》上冊〈愛麗斯夢遊仙境〉中討論過，這句話應當被詮釋為殺死內在幼稚的自我面向。然而真實中的心理治療並非如此容易，當事人不一定能接受我們的詮釋。

現實中我也曾遇過自殺命令消失之後又以其他方式出現的例子。當事人從外面買水餃回家時，途中經過其他店家，他將幫家人買的水餃放在摩托車上進去買其他東西，在挑選東西的過程中他突然被一個非理性的想法所侵襲，感覺有人會在他掛於車上的水餃裡下毒。受到這個想法困擾，他立刻結完帳回到車上把袋子打開來檢查，又聞又嗅的，自然是看不出個所以然。但被下毒的想法如此之深，以致於他沒有辦法放心地用餐，只能把它丟掉，再買一份新的回來。這種強迫性的不合理意念，跟內心直拗的自殺念頭並無二致，只是迫害者從自己變成了他人而已。

原以為擺脫了早先自殺意念的當事人很沮喪地跟我分享這件事。這說明了厲鬼，亦即潛意識裡那些我們無從掌控的黑暗絕無涵容的可能，我們不知道這分恐懼會不會以其他的型式復返。唯一能做的，是將它投射到外在安全的地方，例如城郊的廟宇或黑暗的森林中。藉著與之保持物理上的距離，使之無從待在我們的心裡。然而，當代人早已失去了古人的生活方式。湖底、海裡和森林中都已經徹底失去了祕密。自然科學的光芒照亮了大自然的一切，鬼魅從大自然離開之後，如今附身在我們體內，以心理疾病的形式回歸。

舉個例子，「罹病焦慮症」可算是最難對治的心理疾病之一，當事人會先入為主地認為自己罹患或即將罹患嚴重的疾病，不然就是把小病放大，總是懷疑自己哪裡有問題而急於得到治療。遺憾的是，這類病人往往不會認為自己應該求助心理諮商，而是認為醫師的能力不夠，或儀器的品質有問題，從而使家人感到莫大的壓力與痛苦。這難道不是無從安放在外之冤魂厲鬼在體內作祟的隱喻嗎？

搗蛋鬼及英雄實為一體的兩面

在《搜神記》的前兩則記載裡，還看得出蔣子文的跋扈與不通人情之處。但從第三則傳說中，則開始出現了值得注意的變化。三位官員之子在喝醉酒後對著廟裡的女神像口出不敬，說要與之婚配。沒想到，竟然被蔣侯當真，約定了三人的死期。他拒絕三人反悔的理由主要為，是你們主動先行喜歡上了我的女兒。換句話說，蔣侯從主動要求為自己建廟轉成了被動使女兒成婚，象徵著此時他已漸從遂行己意的厲鬼轉型成了服膺特定倫理的神祇。倫理為神、人及眾生所共享，這在異婚傳說裡非常突顯。但厲鬼傳說則略有不同，厲鬼顯然是破壞規矩的人，用深度心理學的話來說，就是搗蛋鬼。榮格說，搗蛋鬼原型處於低階的意識狀態中。然而原型都有兩個面向，當其處於低級狀態時是搗蛋鬼；處於高級狀態時則可能成為改變世界、幫助世人的英雄，而蔣子文傳說就有這樣的體現。

一開始，他藉著瘟疫來恐嚇當地百姓，但孫權顯然沒有買單，直到各地火災四起之後，他才為蔣子文建祠以為安撫。當這位愛喝酒又放蕩的厲鬼在受到百姓的安放與祭祀之後，他逐漸神格化，被納入了倫理之中，從搗蛋鬼逐漸往英雄的形象邁進。傳說裡提到，在與吳望子交往的過程中，他對她呵護倍至，吳望子喜歡上別人之後，他也就識趣地離開，並沒有搗亂作祟。最後一則傳說中，蔣侯更是襄助信眾，殺死為禍地方的猛虎，還救回別人的妻子。至此，蔣子文已由厲鬼轉成了護佑一方的神祇。等到晉室南遷後，更一路受封為王、帝，毫無疑問地成為了整體性的一部分。哪怕後來蔣子文信仰衰頹，他仍然被道教信仰所吸收，成為掌管第一殿的秦廣王。傳說中，秦廣王有一寶物，名為「孽鏡臺」，可照出人們在生時的惡行，以及死後被懲罰的慘況。厲鬼成為冥府之王，亦即潛意識的主宰，有此傳說絕非巧合。

日本神話中的惡神

日本神話中，身為三貴子之一的建速須佐之男命被稱為惡神（讀者可在此處注意一下「貴」與「惡」的有趣對比），雖然他是三貴子之一，與天照大御神（日本神話中的最高統治神）是姐弟，但他在神話裡的行為卻與作祟鄉里的厲鬼沒有兩樣。傳說他在人間將青山河海都哭枯了，這惡神的聲音，如蒼蠅般鬧烘烘的，各種災禍都跟著出現。到了高天原後，建速須佐之男命一樣不守本分，大鬧天宮，終於被眾神逐回人間，這才引出了著名的斬殺八岐大蛇的故事。

肆虐人間的八岐大蛇每年都要吞吃一位少女，這件事象徵著潛意識（八岐大蛇）有著吞食新生人格及打壓子女獨立願望（亦即少女）的黑暗本能。如果不是身為惡神的建速須佐之男命出現並用計除去大蛇，人間恐怕永遠無法得到和平昌盛。後來他在根之堅洲國（亦即冥府）落地生根，這與蔣子文成為秦廣王的傳說有著驚人的雷同。

讓黑暗為我所用，並迎來光明

對於無法被個人處理的內在衝動，傳說除了使它成為倫理的一部分外，更賦予它一個可怕但神聖的位置。於是厲鬼與神靈結合成一體，再現了自性存在著黑暗面的主題。包容與驚怖竟源自同一個力量，也難怪被自殺意念所苦的青少年們無法區分這樣矛盾的感覺。明明一切都很好，為什麼當中仍有令人窒息的事物存在呢？厲鬼傳說給出了自己的解答。光明與黑暗彼此對立相生，如果不能在理解黑暗的同時心存光明，人就會向黑暗靠攏，認同潛意識裡的死亡面向。在不能承受前我們必須將之安放他處，但假使惡與黑暗能為我所用，就會帶來正面的結果。

所以建速須佐之男命這樣的「惡」在斬殺了大蛇之後才顯示出了他的「貴」，難以親近的厲鬼，最後成了懲戒惡行的判官。但這並非易事，若非遭到眾神的驅離，這位惡神或許永遠沒有長大的機會。這麼說來，分離其實正是成長的要件。我曾聽過，在晤談室裡對鮮血與屍體表現出病態興趣的個案，從一個令人困擾的學生變成傑出的消防員。比起學校，災難現場更適合他與死亡和危險對決。雖然不知道他後來經歷了什麼，但可以肯定的是，他成功地駕馭了黑暗。當然，黑暗不會這麼容易屈服，一定會在日後的某一天捲土重來重新影響當事人。但人生就是一個不斷經歷危機，跨越後成長的歷程，身為老師或父母的我們應當這樣思考才好。受死亡意象吸引的少年，心中必定深藏著亟欲再生的懇切願望。以骷髏、屍塊、烏鴉或黑色的眼淚為題材的死亡藝術在青少年族群中有不少粉絲及愛好者，它們看似驚悚詭異，但厲鬼傳說卻告訴我們，它是人格走向重生的必經關卡。這是為何化身成秦廣王的蔣子文守候在冥府第一關的原因吧！

從厲鬼到帝神——分裂兩極的結合

蔣子文從厲鬼變成了帝神，象徵著惡與黑暗的種子結出了善與光明的果實。讓我們回想一下王導與蔣子文的故事。原先對王導誇下海口的蔣侯在生死簿前竟然難以施展，只能遵照「天意」。易言之，原本膽大妄為的厲鬼在成神之後不再能改變生死命運，這表示蔣子文已在集體心靈中被中國人視為整體命運的一部分。當惡與黑暗被集體心靈給接受下來時，他也必須遵從天地間的倫理。

蔣子文形象的轉變從歷史原因來說，是由於在地政權尋求統治合理性以獲得當地人支持的政治因素；但從心理原因來看，則是因為深度本身即會帶來療癒，因此人在亂世，遭逢苦難時總是渴求著更深的整合。而神與鬼、正與邪的對立與結合，不正是英雄拯救少女，陰陽兩極彼此接觸靠近的另個版本嗎？原本分裂的兩端如今結合成了一體，蔣子文崇拜體現的是人們內心嚮往整合的高度願望。此外，被神聖化的厲鬼也象徵著我們內心除了至惡至邪的力量外，也有至正至善的存在。要想轉化前者，非得透過後者的力量不可。進一步說，要是沒有前者的威脅，我們或許永遠不會意識到後者的存在。這樣想來，厲鬼反而是敦使我們思考與親近神靈的恩人，用深度心理學的話來說，陰影原型或許正是促使我們走向完整的關鍵。

中國最知名的厲鬼——關聖帝君

這是為什麼傳說裡的厲鬼總是從屬於更大的體系，為神聖服務，或甚至成為神聖本身，而蔣子文傳說並不是當中的唯一。我們接下來要探討的厲鬼神或許會使讀者難以置信，他就是我們日常周遭隨處可見的關聖帝君信仰。

比起蔣子文信仰的先盛後衰，同是三國人物的關羽信仰則是後來居上，從厲鬼逐漸轉型為武聖，成為重要的正神。關羽與劉備、張飛三人義結金蘭，矢志匡扶漢室。史書屢稱關羽為「萬人敵」，是劉備帳下最重要的將帥。劉備入蜀後，關羽奉命鎮守荊州，他個性雖然堅毅忠直但卻有剛愎驕矜的毛病，以致中了呂蒙的計謀，在北伐曹操時失去了後方的根據地，不屈而亡。死後他的屍體被當成了政治鬥爭的籌碼，屍體葬在東吳，首級葬在北方，蜀國則為他起了衣冠塚。他的死讓荊州當地人為之立祠，以免遭受亡靈的報復。

在現今不多的記載裡可知，唐代時關羽神被荊州人稱為關三郎，「侮慢者，則長蛇毒獸隨其後。所以惧神之靈，如履冰谷」。宋人孫光憲《北夢瑣言》載，「唐咸通亂離後，坊巷訛言關三郎鬼兵入城，家家恐悚，罹其患者令人寒熱戰栗，亦無大苦」。南宋時期，洪邁《夷堅支志》則記載關羽的形象是「黃衣急足，面怒而多髯，執令旗，容狀可畏」。很明顯地，此時的關羽信仰更接近於傳統的瘟神，夾雜了中國人對橫死與暴死者亡靈的深深恐懼。即便到了明代，根據民間傳説改編而成的《三國演義》也還留下了關羽冤魂不散，在荊州玉泉山大呼「還我頭來！」最後受到僧人普淨度化的故事。

普淨對關羽的冤魂說：「先不論是非對錯，要知道，凡事都是因果導致。您被呂蒙害死，大喊『把頭還我！』，那麼顏良、文醜，以及五關六將等被您所殺之人的頭，請問又要跟誰討呢？」關羽受到感悟，從此就常在玉泉山上顯聖護民，受百姓祭祀。

宋代的《佛祖統紀》也有關羽從妖怪轉成菩薩的故事。某日天地晦暗，狂風暴雨，突然間妖怪現身了，它的形象千變萬化，然後有一條大蟒蛇張著大口爬了進來，各種陰魔也都跟隨在牠旁邊……智顗大師以憐憫的口吻說：「你的行為會在日後招致業報，如果還妄自貪戀過去積累的福報以為不會遭報應，難道不怕在未來後悔嗎？」話剛講完，妖怪就消失了。當晚雲開月明，只見有兩個衣冠楚楚的人走了過來，年長那位留著整齊的長鬍子，年輕那位戴著帽子，一同向前致敬：「我就是關羽……」然後他才受到了天臺宗大師智顗的感化皈依佛教，並協助建廟，被稱為「伽藍菩薩」。故事裡的關羽被形容成蛇妖，恐怕會使很多讀者大感意外吧！而此故事的背景則明顯是佛教進入荊州地區傳教後，吸納當地信仰而造成的傳說。

道教則直接接收了關羽亦神亦鬼的特性，將之視為驅魔儀式中的重要神將，在宋、元兩代留下了關羽顯聖驅逐厲鬼蚩尤的紀錄。最後，關羽被道教稱做「伏魔大帝關聖帝君」，掌管人間伏魔（另外兩位則分別是掌管天庭伏魔的蕩魔天尊真武帝君，以及掌管地府伏魔的驅魔真君鍾馗帝君）。明神宗就敕封他為「三界伏魔大帝、神威遠震天尊關聖帝君」，此時的關羽信仰終於來到了前所未有的高度（同時受到敕封的還有抗金名將岳飛）。關羽從厲鬼變成了驅魔之神，我們在這邊又看到了〈聶小倩〉故事裡，燕赤霞以劍囊裡的惡鬼來制伏金華惡鬼的另一個版本。清代後，由於清人視自己為金人後裔，因此更是藉著獨尊關羽為「武聖」來取代岳飛的地位，關羽信仰終於成為了華人文化中的重要元素。

走向個體化是由鬼轉神的關鍵

從心理學的角度來看，關羽信仰的後來居上不僅是肇因於有清一代的刻意扶植而已。能引發人們投射的對象本身往往也具備可被投射的特質與內容。與蔣子文相比，關羽身上擁有更多兩極結合的特徵。他不僅是成為帝神的厲鬼，身上也同時存在著文與武兩極的不同意義。武者的部分固不必言，三國故事中關雲長斬顏良、文醜，乃至過五關、斬六將等故事大家已經耳熟能詳；傳說裡更說他喜讀《春秋》，而現存的《春秋》為孔子所註，雖然用字精簡，卻暗含褒貶，因此被稱「微言大義」。這本書高度體現了傳統儒家的知識份子精神，喜讀《春秋》的關羽因此更是文武合一的全人典範。

關羽傳說裡還有一個特點，那就是「感化」。感化關羽的天臺宗大師智顗在中國佛教史的地位非常高，他在傳說中扮演了全人、整合之人這樣令人尊敬的角色。展現了讓厲鬼立地成佛的高尚人格，可以說，他是以一位教師的身分現身的，這顯現出傳說對轉惡成善有著高度的期待與信心，也對教育一事持肯定態度。思考一下哪吒如何因為太乙真人的幫助從一位逆子成為天神，孫悟空如何在觀世音的陪伴下從惡猴成為戰鬥勝佛就知道，傳說高度肯定了教育者的重要。關於這點，我們未來會在《神話裡的心理學：惡與陰影》中提及，此處不再多談。

總結來說，對整合的追求是人類永不休止的內在動力，而關羽比起蔣子文則是有著更多類似特質可被投射的對象。蔣子文信仰終於衰頹了，成為冥府的判官，而關聖帝君則成為人間的伏魔大帝。從蔣侯到武聖，原先不能直視的厲鬼從暗處（冥府）升至了人間，愛與怖、鬼與神、文與武，這兩則厲鬼傳說的源遠流長展現出人們走向個體化的集體願望。這麼一想，如果厲鬼一開始就被無情地殺死或消滅，那蘊藏的神聖可能性也會同時消失不見吧？從厭惡恐懼到敬愛尊崇，厲鬼身分的轉化過程也是人們集體心靈與黑暗和解的漫長過程。開頭提到的刑天雖然留下了中國最早期的厲鬼紀錄，但晉代以後，陶淵明卻寫詩歌詠這位凶神。「精衛銜微木，將以填滄海。刑天舞干戚，猛志固常在。同物既無類，化去不復悔。徒設在昔心，良辰詎可待！」從此他便改以不屈的形象活在中國人的心中。

算命先生找到了周亞思的家，將雨傘打開，李昭娘立刻化為厲鬼，周亞思見到她之後因驚嚇而發狂。

二、林投姐（臺灣‧《臺灣四大奇案》）

故事大綱

寡婦李昭娘和三名幼子住在臺南的赤崁樓附近，她的丈夫在渡海去中國經商時，因船隻失事而死。丈夫死後，李昭娘靠著其遺產度日，期間丈夫好友周亞思常來噓寒問暖，她因此漸漸對周亞思產生了感情，礙於民風保守她原先不敢再嫁，但周亞思對她發誓：「我絕對不會對你們母子始亂終棄，否則願遭天打雷劈。」因此她不顧世俗眼光與周亞思成親。但周亞思其實是為了遺產才靠近李昭娘，便在婚後拿著這筆財產去香港經商，透過轉賣臺灣的樟腦與蔗糖而獲利，在賺得暴利之後就回到了自己的故鄉廣東汕頭重新娶妻，從此與李昭娘失去聯繫。

李昭娘人在臺灣並不知情，只能痴痴守候，等待周亞思返鄉。她的財產逐漸用罄，兩個孩子因此相繼餓死，在一個雨夜裡，走投無路的李昭娘掐死了自己的幼子後在林投樹上吊自殺。此後，林投樹林裡就常有鬼魂出沒，賣肉粽的小攤也會收到化為冥紙的錢鈔，消息傳開後，居民無不驚慌。為求安撫冤魂，附近的人們募資建廟，希望李昭娘能夠安息。某日，一位自汕頭來的算命先生來到此處，李昭娘即現身請求協助，算命先生憐之，答應了李昭娘的懇託，將她的魂魄收入傘中，隨他渡海前去汕頭復仇。

算命先生找到了周亞思的家，將雨傘打開，李昭娘立刻化為厲鬼，周亞思見到她之後因驚嚇而發狂，拿起刀子砍下第二任妻子的頭顱後，又殺死了自己兩個孩子，最後把自己掐死。李昭娘這才完成了她的復仇。

故事解析

攜子赴死的絕望母親

林投姐故事在各地有不同版本，最早於一九二一年的《臺灣風俗誌》中，日人片岡巖就記錄了這則傳說，而後在歌仔戲中也不斷經過改編，目前最流行的版本是一九五〇年代由廖漢臣所寫的〈林投姐〉，後來收錄於連曉青的《臺灣四大奇案》，成為臺灣的重要故事。遭到背叛的妻子在走投無路之下掐死了自己的孩子，而後在林投樹上吊自殺。這樣的情節不知您是否熟悉？在臺灣，有許多無力養育子女的年輕父母，往往就用這個方式帶走了孩子與自己的生命。當我寫下這篇文章時，國內又發生了一起單親媽媽因為不堪長期經濟壓力，用藥迷昏自己兒女將之殺害後，再自己吞藥輕生的事件。母親雖被救回，但卻遭法官判處死刑，引發了社會很多討論。批評法官不近情理者有之，認為母親一心求死，讓她活著反而受到良心折磨更為痛苦者亦有之。任何人看到這類新聞想必都會有所觸動，社會安全網的問題非常複雜，我只能衷心企盼它能徹底地得到解決。

孩子是不是父母的財產呢？這絕非一個簡單的是非題。母親怕自己死後孩子受人欺凌，決定共赴黃泉，這樣的想法顯然難以被世人所接受。但單親育兒的疲累又有多少人明白？輔導工作者沒有辦法簡單地對這樣的事件做非彼即此的論斷，因為在我們眼前的，是一個又一個正在受苦的人。特別若是孩子長期處於病痛，或罹患天生的罕見疾病時，他們的家長經歷的是我們無法想像的苦。由於沒有好轉的希望，放棄的意念變得如此強大，而親子間的羈絆卻又如此地深。任何一個人在面對這樣陷於兩難的當事人時，絕對不應該向對方輕易說出「再加油一下吧！」或「想開一點！」等等無關痛癢的話。

哪怕夫妻感情和睦，在育兒之路上，許多媽媽們也常遇到「偽單親」的問題，這肇因於某一方（通常是爸爸）的工作太過忙碌，必須長期在外或出差（亦或者配偶太過父權思想），在沒有後援的情況下，這些媽媽必須一個人照顧幼兒一整天甚至一整週。孩子貼心懂事便罷，如若不然，往往使必須一人兼飾父母二角的媽媽們異常崩潰，網路社群裡有很多這樣的自助社團，顯見在高工時、低薪資的情況下，「偽單親」的現象非常普遍。

很難想像，在教育如此普及、社會亦逐漸文明的情況下，在面臨上述的諸般痛苦時，這些「不得不」帶著孩子共同赴死的爸媽們，他們腦海中的選擇仍舊那麼少。這當中或許就有著「林投姐原型」的影響吧！一般說來，孩子總是象徵著希望。舉例來說，許多受到憂鬱所苦的人，只要想到自己的孩子，就能強忍住自我了斷的念頭。可林投姐傳說卻不然，故事裡說了，兩個較大的孩子已先後餓死，想來她不再有把握能夠保全第三個孩子，與其得三度看著孩子在眼前死去，不如由自己下手，決定孩子的死期。

婚姻危機暗喻內在陰陽失衡

從深度心理學的角度來看，丈夫的早逝意味著李昭娘陽性能量的退去，周亞思的出現本來可以補足這一塊，使她能重新藉由婚姻來走向完整。但周在騙走遺產後就藉故躲去中國大陸不歸，使李昭娘陷於絕境。可以說，她第二次的整合同樣以失敗告終。

伴侶是我們得以完整自身的重要存在，藉由對方的存在，我們才能意識到自己內在對立極的存在。把對方作為互補的工具而感到滿足，例如傳統男主外、女主內的分工，或大男人與小女人的結合，都會背離個體化的要求。反過來說，大男人必須藉由對方而學會體貼溫柔，小女人則必須藉由前者學會堅強獨立。這才是婚姻的意義。

我們並非倚靠對方來補足自己生活上的不足，而是藉著對方這個「人」來完整我個人的整體生命。李昭娘接連兩次的婚姻危機，預告著她的人格已徹底失衡，也暗示著李昭娘面臨了重要的成長關卡。世界是內心的延伸，我們會遇見什麼類型的對象，往往也說明了我們自己處於何種狀態。

當她做出殺子選擇的那一刻令人聯想到黑暗的大母神，生出人類子女的大母神，也要求子女以自身的鮮血和生命作回報。生命與死亡因此利出一孔。得到子女鮮血澆灌的大母神會庇佑來年的農作物豐收，飼養的家畜肥壯。只是這黑暗的死亡願望不僅使她殺了自己的孩子，最終也使她殺死了自己。當林投姐化身黑暗的大母神掐死幼子的那刻起，就注定了自己的死期。

悲劇英雄的自毀衝動

人如果要成為自己，就非得擺脫大母神原型以及母親情結的控制不可（也就是成為自己的母親）。這是為何神話中的英雄必須殺死龍，「母親情結」才能走向獨立。周亞思是一位負面的阿尼姆斯人物，根本不能仰賴，作為新生希望的孩子也接連死去，所以林投姐再無他路可走，她的個體化之路走向了錯處，英雄原型啟動——屠龍，很可惜地，卻是一位黑暗的英雄，因為她認為這條必須殺死的龍是她自己。因此這則傳說才成為了悲劇。

本來「龍」可以是任何事物，牠可以是我幼稚或拒絕長大的面向，可以是我假想的外界鄰人的敵意目光或保守封建的社會風尚，牠可以是其他的種種。作為輔導人員，我們最不願見到的，就是當事人把「龍」看作一個具體的人，如孩子憎恨著父母，學生敵對著老師。那些他們想像出來的「權威」（也就是龍）被隨意地投射在周邊任一個對他可能帶來束縛與管教的人物，不論這些束縛與管教是否合理。但最難處理的，還是當事人把「龍」看成自己。自己憎恨且敵對著自己，那將會發生什麼事呢？李昭娘就面臨這樣的處境。

冤魂也源自無愛之人的內心

居民們開始在林投樹林裡見到她的冤魂，小攤販也會收到死者使用的紙錢。居民們感到很驚慌，於是為她建廟。有意思的是，居民們的心慌是什麼原因？我們在這裡沒有看見李昭娘冤魂的作祟紀錄，她只是現身，然後居民們就被嚇得六神無主。為什麼？

想想在周亞思帶走了大部分財產後的李昭娘，如果當時鄉里鄰人願意資助這四位母子，體諒她的難處，李昭娘何以會落得這般田地？因此鄉人們的恐懼並非李昭娘降下了什麼災禍，這和前述的蔣子文與關羽傳說不同，而是出於一個完全不同的心理防衛機轉——他們是因為內疚而感到畏懼。擔憂著鄰人眼光而不敢再嫁周亞思的李昭娘，在周亞思始亂終棄之後，得到的恐非他人的同情，而是看戲心情的冷漠對待。周亞思的心思只在她所繼承的遺產上，逼得李昭娘只能在殺子後自殺，這樣激烈的舉動使她獲得了橫死者將化為厲鬼的傳統身分。但在這位「厲鬼」根本沒有行凶降禍的時候，鄉民們卻已先因自責而飽受驚嚇了。

平日不做虧心事，夜半不怕鬼敲門。鄉民建廟的動機與上則傳說很不相同，他們正是做了虧心事，才透過替李昭娘建廟來祈求原諒。什麼是愛？修女德雷莎說「愛就是在他人的需要上看見自己的責任」。這些鄉民們是未能履行關愛同類本能的鄰人，在這一點上，他們很清楚自己失去了作為一個「人」的資格。他們的冷漠讓林投姐違背了自己的生命本能。建廟的行為在心理學裡，我們把它稱為「抵銷」(undoing)。換言之，他們遇見的不是鬼，而是自己的良心。在此我們遇見了厲鬼傳說的第二個源頭。佛洛伊德將這個難以根除的、無上的道德命令命名為「超我」，而它也可以被我們視為一種補償的心態。人們畏懼作祟的冤魂是理所當然的，上一段的蔣子文讓小蟲子飛入了百姓的耳朵，無藥可醫，又降下了大火，死傷無數，這才讓百姓恐慌。但李昭娘只是用紙錢買了肉粽(或許是用此餵飽孩子的幽魂吧！)，就讓鄉人畏懼不已，何以故？

一個沒有愛的社會，就會四處祭拜鬼魂，那鬼魂並非源於他處，就源於那沒有愛的人的心裡。這麼說來，他們祭祀的不是李昭娘，而是自己內心的黑暗。

切割地理與心理界限的臺灣海峽

在遇見算命先生後，李昭娘懇求他讓自己依附在傘裡，帶自己上船跨越臺灣海峽。海峽象徵著交界，冤魂如果要離開家鄉，非依託生人幫忙不可。這段描述清楚地說明了，在臺漢人的心理與中國大陸有著相當的距離，連鬼都沒有辦法自行跨海而去。黑水溝／臺灣海峽不論是心理還是地理上都意味著界線，而能夠越過界線的只有算命先生這樣遊走在城鎮之間，對命運的不可知有著深刻體悟的人物才行。這是為何林投姐找上了他當作復仇的工具。

他作為一座橋梁，有助於林投姐將原先分裂的心靈再度取得接觸的機會。先生的早死，特別是海難身亡這件事象徵著陽性心靈的衰弊，我們很快會在陳守娘傳說裡看到類似的劇情。這一切無不暗示著臺人的心靈基本上是母性的，和傳統父性的中國式的心靈有著本質上的差距。周亞思的奸詐無信，以及他騙到財產躲回中國的行為也暗示著此點。這則傳說裡沒有陽性人物的立身之處，哪怕算命先生也是廣東籍，不屬本地。海峽之所以能隔絕女性冤魂的復仇，正是因為中國不再是臺人心靈的故鄉，而是陌生的異域。

她在周亞思面前化成了厲鬼，而不再是那個用紙錢買肉粽餵養孩子的體貼母親。那一刻，陽性與陰性原則第三次產生了接觸，但這次不再是帶著善意的交會，而是赤裸裸的對決。周亞思發了瘋，砍掉了中國妻子的頭，這是又一個拒絕與陰性面接觸的象徵，然後他殺死了兩個孩子後自戕。傳說在這裡結束，沒有交代結尾。林投姐的冤魂成為了中國的異鄉人。流落在外地的厲鬼，或許象徵著在臺漢人心靈的斷裂。

神聖之死：夭折的新生人格

孩子象徵著希望、未來、以及一切超越於我們的事物，當然有時也指我們內在幼稚的面向。但在這則傳說裡，孩子代表的是前者。故事裡接連死去了五個孩子，很顯然地象徵著新生人格的夭折，此中毫無希望感可言。在本章最後的〈王六郎〉傳說裡，六郎為了救孩

曼陀羅（Mandala），又稱為壇、聖圓、輪圓具足。源於圖博（Tibet），所描繪的是藏傳佛教的宇宙觀，同時表達出相續不斷，本來清靜的佛性。在深度心理學中，亦可看作自性的表達。人們之所以可藉由練習纏繞畫的過程中感受到內在湧現的完整性以及平和感，正是由於纏繞畫往往具有曼陀羅的型式。

■ 作者不詳，《喜金剛曼陀羅》（17世紀），現藏於紐約魯賓藝術博物館。

子，寧願放棄找替死鬼的機會。對比之下，雙方在個體化之路的成功與失敗就很明顯了。在這篇故事裡，總共出現了五個孩子，林投姐親手殺死的是第三個，亦即居於中間的孩子，他與前面兩個餓死的兄長，以及後面兩位被周亞思扼斃的更幼小的孩子共同組成了數字「5」，對熟悉「曼陀羅」這個宗教及心理學意象的讀者來說，就知道「5」象徵著我們人格的完整性。數字「4」代表著東西南北四個方位，而數字「5」則在前面的基礎上多了一個中心點，這也是第三個孩子的座落之處。我們知道，中間代表著核心，它是自性與神聖的象徵。因此從數字的象徵來看，林投姐掐死的不僅是自己的幼子而已，她也摧毀了內在的神聖面。

小王子所居住的小星球正受到失控的猴麵包樹所摧殘，因此他希望聖修伯里替他畫一隻羊，讓牠幫忙吃掉樹的嫩芽。這張圖透露出小王子本人的巨大無力感。

這不禁讓我們聯想到聖修伯里在《小王子》裡頭呈現的那幅畫，裡頭小王子拿著一把毫不起眼的小斧頭，試著砍掉蔓延在他那小小星球的三棵巨大的猴麵包樹。在這幅畫裡，小行星也位居畫面的核心，被肆虐的猴麵包樹給撕扯著，而小王子對此卻無能為力。兩相對比下，林投姐是有力的，但她的力量並未朝向外界，而是朝向了自己。這樣自毀自虐的怨令人不寒而慄，也令人惋惜。

與自己和解：亟待修復的厲鬼故事

修復在此變成了重要的主題。與蔣子文最終成為秦廣王，以及關羽成為了伽藍菩薩的傳說相比，林投姐的結局卻是流落異鄉。她沒有成神，沒有封聖，原先祭拜她的小祠堂也在日本人統治時期被大量拆除。像是一個不願再被提起的醜事，一個眾人集體遺忘的過錯。在那裡，我們是無情且膽怯的，只想透過投射來遠離自身的黑暗。所以林投姐跨海去了對岸，遠離了故鄉。然後我們就可以在彼處看見源自我們內心的邪惡，錯的是你，對的是我。除非我們願意重新迎接厲鬼回鄉，收回投射，否則臺灣人的心靈將永遠存在著缺口。這麼想來，一個文明如何對待厲鬼，也就象徵著那裡的人們在個體化程度上的高低吧！

同時，修復也指稱我們與內在神聖核心的關係。與自己和解，我們才能與世界和解。林投姐傳說之所以使人難受，就在於她失去了與自己和解的能力，最終讓黑暗橫流，佔據了她的人格，從而使她化成了厲鬼在人間遊走。她在世時孤獨怨憤，去世後背井離鄉。她幾乎成為了世上絕無僅有的、不得歸鄉的冤魂。這麼動容又令人心碎的故事就發生在我們這塊土地上。愛著孩子的母親，最終竟成了殺子凶手，還有什麼比這更令人痛心的呢？

三、陳守娘（臺灣・民間傳說）

故事大綱

道光末年，臺南府城辜婦媽廟附近有一位女子，名為陳守娘，嫁給林壽為妻之後，居住在東安坊經廳巷。可惜林壽早死，守娘年紀輕輕就守寡。衙裡的師爺覬覦守娘美豔，於是賄賂守娘的婆婆與小姑，希望她們能夠撮合他與守娘共度良宵。守娘的小姑本來就是一位風塵女子，因此樂於從命。

豈料，守娘守節不願配合，婆婆與小姑氣憤之下，將守娘強押於椅凳之上，以尖錐刺其下體，逼其就範。守娘不從，氣絕而死。

守娘死後，她的弟弟傷心欲絕，想替守娘「封棺」時，察覺姐姐的遺體有異狀，才得知守娘受虐。鄉民也對林氏母女的惡行無法容忍，於是上報官府，想為守娘討一個公道。

知縣王廷幹與師爺本來就有交情，官官相護，想要息事寧人，於是宣稱驗屍無傷。眾人激憤不平，用石塊砸毀了知縣的轎子，王廷幹只好落荒而逃，當地也留下

「王廷幹，沒錢無看案」的俗語。官府逼不得已，只好判林氏母女死罪，但師爺早已逃回唐山（中國大陸），逍遙法外。

陳守娘葬身之墓，位於「山仔尾」。守娘死後至陰間控訴師爺，但不被受理，因此她冤魂不散，作祟於府城，甚至跨海顯靈將人在唐山的師爺掐死。儘管如此，陳守娘化鬼申冤依然怨恨難消，夜半化為青光飛舞，大鬧臺南府衙。不只半夜府衙會傳出哭聲，縣衙裡的物品還會在晚上亂飛，造成隔天一片混亂。府衙只好以原址太過靠近軍營，易被兵士操練聲音打攪為名搬遷。在外頭賣東西的小販也發現原本的銀元化成了紙錢，讓府城居民騷動不安。仕紳為了地方安寧，請廣澤尊王出面。廣澤尊王化為一道紅光，與青光纏鬥多回。但守娘怨氣太重，尊王一時間也難以制服。因此居民只好改請觀音大士前往收妖。祂感嘆守娘身世，作祟有其冤屈，如果魂靈從此誅滅，未免太過可憐。守娘則提出條件，她報仇時傷及無辜，請勿追究，並且希望能進入節孝祠，表明自己守節心志。從此之後，才未有鬼魂作亂之事發生。

故事解析

缺乏陽性法則的臺灣社會

這則傳說採用的是文史工作者何敬堯整理過後的版本。若讀者對臺灣的鬼怪有興趣，可參考何敬堯的大作《妖怪臺灣》（聯經出版），該書是第一本臺灣本土的妖怪百科全書，為國內的妖怪學研究起了重大作用。

比起中國用了數百年甚至千年以上的時間將厲鬼傳說整合進更大的秩序之內，臺灣的文字史時期較短，當中隱含的心理學意義因此又有所不同。我們前面已經看見，林投姐象徵著被投射到異地的黑暗，她與陽性面的三次接觸都以失敗告終，從心理學角度來看，這才是該傳說的悲劇所在。

在陳守娘傳說裡也有類似的描寫，而且有過之而無不及。守娘的丈夫林壽早夭，師爺與知縣則分別是好色與貪財的負面人物。用深度心理學的話來說，故事描述的是一個陽性法則有所欠缺的社會。我們知道，陽性法則表現於外的特徵之一是邏輯秩序與階級服從。陽性心靈嚮往著黑白分明，其優點是清楚明快、就事論事，缺點是壓抑情感，缺乏彈性。意識誕生於潛意識，嚮往獨立的陽性心靈如果早夭，意味著當事人沉陷在心靈的大海，或者受困於母親情結之中無法成長。相當程度上，陳守娘就面臨了這樣的處境。如果她是臺灣漢人集體心靈的象徵，那麼這則傳說首先要說的不是別的，正是在臺漢人在追求整合與認同的過程中所遭遇的挫折。

婚姻象徵著對立兩極的接觸，年輕的林壽早死，讓妻子陳守娘獨守空閨。與前述的冥戀主題不同，陳守娘傳說暗示著女主角陽性心靈的弱小，使得原先有望在婚姻中透過接納對立極而整合的心靈，失去了成長的機會。

此時作為負面陽性心靈的師爺，唆使了風化行業的小姑勸誘守娘改嫁，本應作為守娘後盾的婆婆也支持這個做法，但卻遭到守娘的拒絕。從此點來說，小姑與婆婆可被視為陳守娘的陰影。改嫁意味著身分的轉換，因此也意味著人格面具的崩解。陰影的襲來雖然對既有的人格來說是一場危機，但若處理得當，我們將有機會整合原先被我們遺落的心理資源，從而感受到生命的新動力。

舉例來說，曾有一位自律甚嚴的父親一直以來都把流行樂視為靡靡之音，作為一種補償，他女兒的志向是想要成為一位流行歌手。可想而知，這會使父女雙方產生多大的衝突。這使他必須去重新審視自己的陰影，檢查這樣的價值觀裡是否有他個人的情結因素（過程很長，我就不贅述了），最後他部分地接受了流行音樂，在接觸的過程裡，甚至喜歡上了一兩位年輕的歌手，他發現那些被他視為靡靡之音的樂曲，其實有著流動迅速的生命能量。換句話說，他從中發現了一些靈性特質。他是一個標準的、成功的現代人，所以他不相信任何宗教。結果他卻在流行音樂裡，也就是他一直以來的陰影處找到了屬於自己的宗教。

守娘之死：陰影的入侵

守娘認同著貞潔這樣的價值，因此這形成了她的人格面具，但所有的光明面都需要經受現實與陰影的考驗才能使自我成長起來，而所謂的成長指的絕非保持單純幼稚的狀態不變。《聖經》說「我實在告訴你們，你們若不回轉，變得像小孩子一樣，就斷不能進天國」。耶穌的意思很清楚，所謂的回轉，指的是以大人的身分象徵性地死去，而後才能以孩子的純真面貌重生。而未曾長大的人，如何以大人的身分象徵性地死去呢？易言之，是成熟的純真而非原始的純潔才讓人取得進入天國的機會。

成長永遠意味著考驗，而對陰影的認識就是其中一種。婆婆與小姑因此也象徵著陳守娘內在的黑暗面，她如何拒絕或與之周旋，將是她的人格能否持續成長的關鍵。人若是以為「原始的純真」即是良善，那麼在與黑暗相遇的時候，反而很容易成為黑暗的同路人。看看世界各地的基本教義派，他們非黑即白，非此即彼的信仰難道不是純真的嗎？在政治上、宗教上，他們也往往是自居為良善與純正的那一方，但在現實中，往往是最殘酷對待異己，毫無原則地偏袒自己人的那一方。正是這樣的純真，讓陳守娘在陰影入侵之後化成了厲鬼。

性與權力的勾連

因此對陳守娘來說，她面臨的正是這樣緊要的關頭。她的婆婆與小姑在利誘不成後，改以威逼，將守娘強押於椅凳之上，以利器刺其下體。下體就是陰部，是女性生產之處。這個舉動之所以有高度的象徵意義，是由於性不僅是生理上的慾望，同時也是展現權力的手段。軍營與監獄常見到具有威勢的男性雞姦新囚或權力低的男性的現象。這些人並非同性戀，因此我們不可用生理需求未獲滿足來解釋這個行為，其主因實是為了透過羞辱受害者來彰顯個人的地位。遭刺傷下體（這也是遭性侵的象徵）的守娘因此被奪去了作為「良家婦女」的資格，打擊了她所欲的「貞潔」認同。作為陰性心靈的負面人物，婆婆與小姑想透過性凌虐來壓迫之，正說明了守娘內在的陰影突破了原先的限制，成為了吞噬人格面具的力量。

從臨床上我們已多次見識到陰影的破壞力，如果欠缺適當的引導與心理學知識，「整合」就不可能輕易地成功。從傳說的內容來看，守娘與陰影的對決顯然是悲劇性的，她無從抵擋陰影的入侵，只能以死作為代價。成長之所以在故事裡常常意味著苦難與死亡就是此意。弔詭的是，她的死確保了人格面具的完整（亦即保全了貞潔的名聲），卻也埋下了光明即將淪為黑暗的伏筆。

拒絕審案的地府：在臺漢人的集體摸索

守娘死後向地府投訴師爺未獲得接納，這點相當有意思，因為中國傳說很少出現這類劇情。從晉代的《搜神記》到清代著名的《聊齋誌異》與《閱微草堂筆記》，傳說裡的冥府判官通常是實現人間正義的最後手段。但我們卻在守娘傳說裡看到了罕見的例外。正因如此，守娘傳說可被視為臺灣住民集體心靈的瑰寶。

為了說明這個特殊的轉折，我們必須借用深度心理學的知識，否則分析就會在此處陷入僵局。首先，守娘的弟弟在察覺守娘的屍身有異後就已向縣衙陳情，但由於官官相護而未得下文。縣官的怠惰及無能說明了陽性心靈的軟弱，縣衙就是法庭，而縣官則是正義的裁判者。這本是陽性心靈的外顯，但從王廷幹的吃案得以窺見，陽性心靈已經全面失效。這是為何作為內心住民的眾人，亦即心靈的不同化身會群情激憤，用石塊砸毀了王廷幹的坐轎。坐轎是權力的象徵，因為縣官不再能代表人格的中心，為了補償他的失能，潛意識必須讓他離開象徵原有人格核心的坐轎。

陽性心靈的蕭索破敗間接導致了守娘的冤屈，因此她向地府求助，亦即向潛意識求助。我們知道，潛意識雖然是女性心靈的象徵，但在中國的傳統裡，地府的執法者依舊是男性。中國的傳說之所以能將地府的男性判官認定為最終的權威，代表心靈內部陰陽的對立性已在中國人的潛意識深處取得了折衷。但當時的臺灣卻是漢人的移民地，府城更是漢文化與平埔族文化的交接處。移民臺灣的漢人住民，其集體心靈仍在摸索，試著在這個新天地找出認同。冥府之所以拒絕守娘的陳情，其深層原因正是因為陽性心靈欠缺做出裁判、彰顯正義的能力。這是一種對父親意象的拒絕。易言之，這代表著當時的臺灣民眾處於高度的價值觀紊亂及認同混淆，才導致傳說出現了既有的最終權威拒絕審案的劇情。

王廷幹最終在民眾的壓力之下處死了婆婆與小姑，陰影雖因潛意識的補償作用而撤回，但守娘的幽魂卻未因此得到安息，因為始作俑者的師爺仍然逍遙法外。守娘跨海顯靈將師爺扼死，又回到臺灣繼續大鬧臺南府衙。這說明守娘舊有的被陰影逼到牆角後，已經全面性地認同內心的黑暗面。就是此點讓陳守娘終於成為了臺灣史上最具威脅性的厲鬼。拒絕理解黑暗，我們的生命就會乾枯乏味，人格也會因此貧瘠；但認同黑暗，我們就會成為黑暗。所以才說個體化之路必須「理解黑暗，心存光明」，否則我們內心的厲鬼就會肆虐。

跨海作祟的厲鬼：移民社會的不安與勇氣

上一篇臺灣四大奇案的林投姐也出現了女鬼跨海尋仇的描述，但這則傳說明確指出，鬼魂沒有渡海的能力。林投姐的幽魂必須藏身在雨傘中，才能去到廣東汕頭找周亞思報復。易言之，厲鬼再凶悍也得受限於地域之分，但陳守娘卻能跨海現身而不需任何協助。臺灣海峽古稱「黑水溝」，先民跨海墾居，死者甚眾，故有「六死、三留、一回頭」的俗諺。清代康熙年間的季麒光曾渡海來臺擔任諸羅縣知縣，他在《臺灣雜記》寫下，黑水溝裡住著許多大蛇，其尾有毒，不慎觸碰就會死去。後來在乾隆期間擔任北部理蕃同知的朱景英也繪聲繪影地在《海東札記》記錄著「傳有怪蛇數丈，遍體花紋，尾稍向上，毒氣重蒸，腥穢襲人」。易言之，黑水溝的海水味受怪蛇的毒氣影響特別腥臭。這些傳說都帶有明確的恐懼，意味著臺海是區分中臺兩地的明確障礙與界線。但陳守娘卻絲毫不受其影響。易言之，她抹平了兩個地域的分界。

這樣的矛盾印象再度說明了傳說興起的背景是在臺漢人的認同紊亂期，臺人一方面在傳說裡拒絕了中國的父親意象，另一方面，對臺海分隔線的抹平卻表明了臺人仍舊保有原鄉的認同。中國大陸既是故鄉又是異鄉，這樣的矛盾持續至今依舊未解。

此外，這種不再視黑水溝為阻隔而能自由來去的現象，既指出了陳守娘為亂作祟的能耐，也點出她身上具有某種與其他厲鬼故事截然不同的跨界特質。蔣子文的影響力是從秣陵開始的，關羽信仰則始於荊州，而後逐步擴張。唯獨陳守娘在第一時間就能穿越大海展現厲鬼的凶悍，令人瞠目結舌。厲鬼的跨界特質暗示著在臺漢人內心有著深深的不穩定感，這樣不安的心情使我們厭煩等待，容易無視「規矩」與「界線」，總是想求快（也就是短視近利），並急於尋求他人的認可；但從另一面來看，這樣勇於跨界的膽識與能耐也是一股強大的心理資源，若非如此，移民者斷難背井離鄉，來到異域臺地打拼。勇氣與不安兼具，這樣的矛盾最終成為了臺灣人的獨特性格。

從廣澤尊王到觀音菩薩：貼近陰性心靈的臺灣人

鬧府衙的劇情同樣獨樹一格，守娘對官府的挑戰，就是受壓迫的陰性心靈向腐朽的人格中心發出的挑戰。府城居民請出廣澤尊王來降服守娘未果，只好再請出觀音大士幫忙。

這段神鬼交鋒的劇情從心理學的角度來說提示了兩個重點。

第一，廣澤尊王是福建南安地方上的守護神，保境安民是其主要職責，祂是故事中陽性心靈的最高代表之一（另一個則是以冥府判官為象徵），而祂無法順利降服陳守娘一事更加證實了傳說暗示著臺人內在陽性面的發展不全。從林壽的早死、縣官的無能、府衙的被迫搬遷，到男神廣澤尊王的力有未逮，在在顯示了陽性心靈左支右絀的局面。我們前面提過，陰影當中有著非個人性的內容。身為移民，清代的臺灣漢人顯然面臨著認同故鄉或異鄉的混淆。意識自我在缺乏足夠支撐的背景下，連帶著傳說也表現出在面對潛意識裡非個人性的內容時，缺乏自信的一面。

前述的〈蔣子文〉傳說裡，蔣侯基本上是尊敬孫權的，他提出條件交換，只要為他立祠，他就會保佑孫權興旺。易言之，雖然是作亂的惡鬼，但蔣子文清楚知道誰才是名義上的老大。但陳守娘卻不是如此，她曾經求助於冥府，但發現鬼界的老大並不管用，最後她乾脆自己當起霸王，掀了府衙，進而挑戰地方上的守護神。墮入黑暗的純真竟有如此大的殺傷力，連神明的面都不給，此點猶值得每個現代人深思。

第二，觀音大士即是南海觀世音菩薩，「南海」一名，指著祂象徵母性的潛意識大海，關於此點，我在接下來《神話裡的心理學：惡與陰影》的〈紅孩兒〉中會再分析，此處不再贅述。守娘與觀音菩薩還未交鋒便已分出高下，菩薩早早說出，守娘其情可憫，若是因此誅除實有不忍，守娘也立即回應，若能不計前嫌，改祀節孝祠，則願意歸順。這表明受挫而憤怒的內在心靈，或者遭外力中斷而未能活出個人命運的原型事件（亦即被小姑殺害而未能善終的陳守娘，她的橫死擾亂了「生命」的原型），只能被象徵著陰性集體面向的神靈給理解，這或許暗示了為何女神觀世音菩薩能擁有降服厲鬼的本領。

進一步思之，這類厲鬼傳說所想傳遞的，是每個個人所遭受的不公義對待都會影響所在的社群甚至整個人類社會吧！這一點間接提示著冤魂為何會在事件發生地久留不去，從而暗示我們關於「生命」原型的擾亂帶來的各種靈異現象，可能就是果報觀念遍布於世界各地的原因，因為正義與補償尚未來臨。關於這個議題，讀者不妨將它跟專欄裡的希臘神話《奧瑞斯泰亞》做個比較。回到這則傳說，陳守娘的最後歸宿是「節孝祠」。由於「節孝祠」是父權社會的產物，守娘的入祀意願因此可被視為再次接觸陽性心靈的嘗試。這說明了作為原型的個體化願望是即使到死也依舊持續的。死亡因此必須被我們視為生命整體歷程的一個階段。

希臘神話《奧瑞斯泰亞》與臺灣傳說〈陳守娘〉

著名的希臘神話《奧瑞斯泰亞》也以厲鬼復仇為主題描述了陽性與陰性心靈的爭鬥，阿果斯王子奧瑞斯特斯（Orestes）受太陽神阿波羅的命令，回國找殺父凶手復仇，而殺死父親的凶手卻是自己的母親。他的母親克萊婷王后在兒子回鄉前的那晚做了一個夢，夢見自己哺育了一條小蛇，那小蛇咬了她的乳頭一口，從中吸出了血汁。奧瑞斯特斯間接聽見了夢境後，當下即明白，自己就是那條恩將仇報的小蛇。

他殺死母親後，復仇三女神現身了，與阿波羅偏重庇佑男性親族不同，她們是母系的守護神，奉行血親原則，因此在奧瑞斯特斯殺了母親之後，她們化身成蛇髮女妖日夜追殺著這位弒母凶手，因此後者只能逃至阿波羅的神廟尋求太陽神的庇護。當復仇女神追至此處時，阿波羅讓她

遭到復仇女神追殺的奧瑞斯特斯。被阿波羅要求弒母以報父仇的他先後逃到阿波羅神廟以及雅典祈求庇護，最後在雅典娜的幫助下獲判無罪，其反映的是新舊宗教的衝突也是男女兩性不同價值觀的衝突。

■ 鮑格雷奧《復仇女神的追捕》（1862年），現藏於威州貝勒伊特學院美術館。

們睡著了，然後叫奧瑞斯特斯趕緊前去雅典，請自己的妹妹正義女神雅典娜協助。待奧瑞斯特斯離開後，克萊婷王后的冤魂氣憤地叫醒了復仇女神，她們醒來後和阿波羅展開了唇槍舌劍，但雙方都無法説服彼此，因此只得改在雅典的法庭展開了關於「正義」的辯論。

雅典娜自知此事非同小可，因此召開了公民法庭，在辯論後交給公民投票來表決奧瑞斯特斯是否有罪？表決的結果是雙方比數平手。身為主席的雅典娜本身是信奉男性原則的，因為在神話中，她是從宙斯的頭出生，因此只有父親，沒有母親。她代表男性原則投了奧瑞斯特斯「無罪」一票，因此奧瑞斯特斯勝出，他終於能放下罪惡感，回國繼承王位。

但復仇女神不甘落敗，她們認為這個結局使母系的神靈們受到了屈辱，因此詛咒雅典寸草不生，孩童早夭，牲畜死亡。復仇女神是黑夜女神的女兒，她們興起的瘟疫可不是好玩的。雅典娜眼見事態不好，於是接連向復仇女神提出了不同的補償方案，方案裡的內容幾乎把雅典的統治權給讓了出去。雅典娜自此成為雅典名義上的神祇，人們若要祈求興旺與平安，都是復仇女神說了算。從此之後，復仇女神就被雅典人改稱「和善女神」。

從整段描述看來，復仇女神雖名為神，實為冤魂厲鬼，太陽神在自己的神殿內都無法將之驅逐或降服，只能使她們暫時睡著，以掩護自己的信徒。她們說自己是黑暗女神的女兒，顯然這又是一個說明陰影源遠流長，因此光明無法完全抵禦黑暗，人的意識不可能洞明整個潛意識的例子。

因此太陽神只能拉長戰線，把難題丟給自己的妹妹雅典娜。即使雅典娜用計巧勝了這群厲鬼們，但對於後者的詛咒跟要脅卻是一點辦法也沒有，只能一路退讓，讓出了管理雅典的實權，只保留名義上的地位。而後復仇女神們滿意了，從此改名「和善女神」，當中由暗轉明，由邪轉正的幅度和上述中國的厲鬼傳說一樣大。臺灣民俗裡為無名屍建立萬應公祠以祈求平安也是同樣的心理。然而，在林投姐與陳守娘傳說裡卻沒有至此消停。

從心理學的角度來看，這則神話說了兩件事。第一，是象徵著陽性心靈的阿波羅與象徵著陰性心靈的復仇女神，雙方的價值在當時的雅典人心中有巨大的衝突，這一點和陳守娘傳說的故事內涵一致。第二，與黑暗和解，絕對不能離開實質上的補償與名義上的「轉正」。而在守娘傳說裡，補償僅是點到為止。我們從這裡延伸思考比較就可以發現，臺地漢人的陽性與陰性心靈仍處於整合的過程，這樣的衝突或許在觀音大士的調停下得到解決，落入心靈黑暗面的守娘也得到了安放，但忽職守的冥府判官並未得到應有的處置，厲鬼陳守娘也未因此神格化或受封誥。兩相比較下，在心理意義上這則傳說仍屬原始，其隱含的整合過程才剛脫離初始階段。易言之，臺灣漢人還不知道怎麼跟內心黑暗的原始內容善加相處。

守娘的結局，是在臺漢人集體心靈的投射

故事的最後，是守娘不再作亂。相較於其他經過詩人整理的神話，結尾通常是男女主角的封聖、封神，或者與天神結合，生下半人神子女等等。守娘傳說則較為原始，僅以入祀節孝祠結束。這表示臺灣人的心靈面貌正等待著改頭換面的機會，故事還未真的完結。當時的臺灣，其文明已有多個源流，在漢人社群裡除卻主流的中國文明外，還包含了南島民族與荷蘭文明，並因為特殊的地理位置而產生了濃厚的海洋意識與重商傾向（因此才能大無畏地渡海），陳守娘傳說明顯地反映了這個特色。

故事裡隱含著對老舊集體意識的反抗與不信任，及內在心靈在發展過程中的困頓與受挫，精準呼應了臺灣特殊的歷史背景。值得注意的是，在反抗與整合的過程中，正向的陽性心靈角色並不凸顯，除了對林壽與守娘之弟的零星描寫外，幾乎沒有留下位置。易言之，傳說裡沒有正面的男主角。由此可見，當時在臺漢人的內心在尋求認同或者追求個體化的過程中，陰性心靈佔有主動的角色。我們在集體潛意識層面似乎更接近母性而非父性，更貼近母親而非父親。這點從守娘選擇與廣澤尊王對抗，卻與觀音大士和解就可看出來。就此點言，在臺漢人的心靈面貌與傳統中國的父權認同在守娘傳說出現的那時起已有了明確的差異。日本的心理學家河合隼雄曾經多次指出，日本人的心靈是母性的，而非父性的。當代的臺灣人之所以對日本一直有著難以解釋的親近感，或許這也是原因之一。

從傳說一窺臺灣集體心靈的面貌

讓我們重新整理這故事，並回想守娘（也就是陰性心靈）與陽性心靈的交會。丈夫林壽雖然帶來了陽性特質的正向經驗，但不久後就去世了，這裡說的是兩極整合的第一次接觸，短暫的融合經驗後帶來的是失望。而後是負向的陽性人物師爺的出現，伴隨著婆婆與小姑（陰影）的迫害。守娘的死象徵著原先人格面具的瓦解，這不幸地使她認同了自己的黑暗面，成為作祟府城的女鬼。

陳守娘挑戰既有的腐朽秩序，也就是破落失能的陽性心靈及其世界，府衙的搬遷，廣澤尊王的力有未逮都說明她已從潛意識的黑暗裡汲取了強大的心理能量，讓老舊的集體意識遭到顛覆。直到陰性心靈的集體面，也就是觀世音菩薩現身同理了她的處境後，這才讓守娘個人的苦楚被集體心靈給「看見」和接納。這個新生的陰性心靈終於褪去其黑暗特質，再次開展與陽性極結合的行動，選擇入祀節孝祠。在這之中，陳守娘的冤魂展現了其他厲鬼傳說少見的跨界特質，同時說明了在臺漢人內在同時有著不確定性與突破疆界的勇氣，讓這則傳說成為得以一窺臺灣人心靈面貌的瑰寶。

總結來說，臺灣人偏重陰性心靈的基底在這篇傳說裡已經非常明顯，但光明與黑暗和解的概念在此處尚不明確。其隱含的心理學意義則包含了移民臺灣的漢人住民們在新世界追求認同，與邁向整合時所遇見的困難與痛苦。這個痛苦讓先民們的心靈轉向了更深的潛意識大海，在時間的長河裡，等待新生的契機。

從流落異鄉的厲鬼林投姐到入祀節孝祠的陳守娘，她們離成神都還有一段距離，易言之，臺灣漢人集體心靈的轉化之路還未完成。黑暗仍在我們心裡躍躍欲試，只要一朝未予整合，我們就隨時可在鄰人身上找到自己的影子。分裂與投射帶來了怪罪與咎責，政治上的民主觀念雖然已經普及於我們社會的每個角落，但我們的心理依舊彼此提防，時時檢查著親友鄰人是否有著與我們相異的意識形態與認同，進而在同胞中尋找敵人，而非在敵人中尋找同胞。臺灣的公民社會如果要邁向成熟，深度心理學的知識或許正是轉化的關鍵。

他悄悄地來到窗戶跟前偷窺，只見一個面目猙獰的鬼怪，臉是綠色的，銳利的牙齒像鋸子一般，他把人皮鋪在床上，握著彩筆畫畫。

四、畫皮

（中國・《聊齋誌異》）

故事大綱

太原有一個姓王的男子，某天早起散步時，遇到一位女子。只見她帶著包袱獨自行走，似有些不良於行。於是他急忙走近一看，是一位年約十六歲的美貌女子。他心裡十分愛慕，便問道：「妳為何星夜一個人走路呢？」女子說：「陌生人幫不了我的，你又何必問呢？」王生說：「妳有什麼煩惱，我或許能幫上忙，希望妳不要推辭。」女子難過地說：「我父母貪圖錢財，把我嫁給一個富貴人家做妾。可大娘十分凶狠，朝夕打罵，我無法忍受，只能逃得遠遠的。」王生問：「那麼，妳想到哪裡去呢？」女子回答：「逃亡之人，哪有地方可去呢？」王生說：「我家離此不遠，或許您願意過來？」女子很高興，就答應了他。

王生替她拿包袱，領她回了家。進屋之後，女子四下一看，見沒有別人，便問：「您為什麼沒有家人呢？」王生回答：「這是我的書房。」女子說：「這房子很好，如果您可憐我，請替我保密，不要將消息洩漏給外人知道。」王生答應了，於是兩人同寢而眠。王生把她藏在密室中，過了好幾天都沒有人知曉。

後來，王生試探性地告訴妻子，妻子姓陳，她懷疑女方是大戶人家的姬妾，勸丈夫把她趕走，王生不聽。有一天，他偶然去趕集，遇見了一位道士，道士盯著他問：「你有遇見什麼怪事嗎？」王生回答：「什麼都沒遇到。」道士說：「你身上邪氣縈繞，怎會沒遇到怪事呢？」王生極力否認，道士這才走了，他邊走邊自言自語：「奇怪了！世間真有死到臨頭還不覺悟的人！」王生聽他這麼說，就開始懷疑起那女子，但轉念一想，對方明明是美貌女子，怎麼可能是鬼怪？心想可能是道士想借除妖來騙飯吃吧！

不一會兒，到了書房門口，見裡邊被反鎖了進不去。他心裡懷疑，於是從牆邊崩壞的缺口翻了過去，但內門也關著。於是他悄悄地來到窗戶跟前偷窺，只見一個面目猙獰的鬼怪，臉是綠色的，銳利的牙齒像鋸子一般，牠把人皮鋪在床上，握著彩筆畫畫。畫完了，拿起人皮，像衣服一樣披在身上，隨即化為一位美麗的女子。他看見之後嚇得魂飛魄散，連滾帶爬地逃了出來，急忙去追趕道士。可道士卻不知哪裡去了，他只得到處尋找，最後在野外找到了他，王生一直跪求解方。道士說：「這鬼也挺辛苦，才剛找到交替，我不忍心傷害牠。」於是，送給他一枝趕蒼蠅的拂子，叫他掛在臥室門上，臨別時約好在青帝廟碰頭。

王生回家之後，不敢再進書房，就在內室住下，把拂子掛在門口。一更左右，聽到門外有嚓嚓聲，他不敢去看，讓妻子去看。妻子見到女子來了，望見拂子不敢進來，站著咬牙切齒，很久才離去。一會兒之後又來了，這鬼口裡罵道：「道士嚇唬我，難道說要我把到口的肉吐出來嗎？」於是撕碎拂子，打壞門閂闖了進來，逕直上了床。牠剖開王生的肚子，捧出他的心拿走了。妻子大哭出聲，婢女趕緊拿出蠟燭一照，見王生已經死了，胸腔裡的血流得到處都是。妻子陳氏便不敢再哭出聲音。

第二天，陳氏請王生的弟弟二郎趕緊跑去告訴道士。道士聽完後憤怒地說：「我本來還可憐牠，這鬼竟敢這麼大膽！」隨即跟二郎趕來。可女子已不知去了哪裡。道士抬頭望了一下，說：「幸虧沒有逃遠。」又問：「南院是誰家？」二郎說：「是我家。」道士說：「牠現在躲在你家。」二郎很驚訝，認為這怎麼可能？道士問：「今天有沒有不認識的人進來你家？」二郎回答：「我早上去青帝廟了，所以不清楚，等我回家問問。」一會兒後回來說：「果然有！早上來了一位老婆婆，想給我家當傭人，我妻子不收，現在人還在那裡。」道士說：「就是她了。」於是兩人一同趕回去。

道士手握木劍，立於院中，罵道：「孽鬼，把我的拂子還來！」老太婆在屋裡驚慌失措，面無人色，出門想逃，道士趕上去給她一劍，她頓時倒下，人皮嘩一聲掉了下來，化為一個厲鬼，趴在地上號叫，聲音像豬一樣。道士用木劍割下牠的腦袋，牠的身子隨即便作一縷濃煙，圍成一圈在地上。道士拿出一個葫蘆，拔開塞子，放入煙堆中，葫蘆的嘴像人嘴吸氣一樣，一會兒就把煙吸進去了。道士把葫蘆嘴塞上裝入袋中。眾人一看那張人皮，眉目手腳，無不齊備。道士像捲畫軸那樣捲起來，也裝入袋中，才告辭要走。王生妻子陳氏拜倒在門口處，哭著乞求道士教她回生之法。道士抱歉地說：「我辦不到！」陳氏更加難過地趴在地上不起來。道士想了很久後才說：「我的法術還淺，實在無法起死回生，我指點你一人，他或許能辦到，妳去求他應該有效。」王生妻子問是誰？道士說：「市集上有一個瘋子，時常躺在糞堆中，妳去試著磕頭求他，如果他侮辱夫人，妳也不要發怒。」二郎也記住了道士的話，於是拜別道士，與嫂子一同前去市集。

只見那個乞丐在路上唱著顛三倒四的歌，鼻涕有三尺長，人人都嫌他髒。陳氏跪著走到那人面前。乞丐笑著說：「美人愛我嗎？」陳氏告訴他緣故。乞丐哈哈大笑，說：「每個人都可以嫁啊！救活他幹什麼？」陳氏苦苦地哀求，乞丐就說：「怪啦！人死了求我救活，我難怪是閻王爺嗎？」生氣地拿拐杖打陳氏，陳氏忍住疼痛讓他打。市集上的人愈來愈多，圍起來像牆一樣。那乞丐吐出一整手痰，舉到陳氏嘴前，說：「吃了它！」陳氏臉色很為難，但又想起道士囑咐的話，就勉強吃了下去，吞進喉嚨後，硬得像棉團，很難吞下去，那痰就這樣卡在胸膛裡。那乞丐哈哈大笑，說：「美人果然愛我！」就站起身，自顧自地走了。

陳氏跟著他，進入一個廟中，還想求他，但卻不知他哪裡去了。前後找遍，一點蹤跡也沒有。她又愧又恨地回了家。她一邊哀悼丈夫死得悲慘，又覺得吃了瘋子的痰很羞愧，難過地啼哭起來，只想馬上去死。剛想打掃血跡，收好屍體，見家人都呆呆地站在旁邊，沒有人敢靠近。陳氏抱著屍體整理腸子，邊整理邊哭，哭得聲嘶力竭，突然想要嘔吐。她覺得胸間聚結的東西奔突而出，還來不及回頭，那東西已經落在王生的胸膛，滿懷驚訝地一看，竟是一顆人心！在胸中還突突地跳動，熱氣騰騰，像冒煙一樣。她大爲驚訝，急忙用手合起胸腔，極力擠壓稍微放鬆後，就看見縫中冒出氤氳熱氣。她急忙撕開衣服把丈夫的身子纏緊，用手摸摸屍體，發現他好像開始有了體溫。她又把被子蓋上，半夜掀開一看，覺得丈夫鼻中有了氣息。天亮時竟然活了過來。王生醒來後說：「恍惚像在做夢，只覺得腹中隱隱作痛。」看看原先被鬼撕開的地方，有個像銅錢一樣大的傷疤，但很快就癒合了。

故事解析

〈畫皮〉故事中難得地出現了先民在與厲鬼互動時的第三種方法，也就是在不得已的情況下，只能將厲鬼除滅。而正如本章的開頭講的那樣，這在民間傳說裡是最不得已的手段。歐洲的神話是以英雄對抗邪惡為主軸，但在中國的民間傳說裡卻不是主流。傳說裡的鬼與狐常被形容成可親可近、富有人性的存在，人類的醜惡往往較鬼狐為甚。畫皮因此是《聊齋誌異》中幾乎唯一的例外（另一個例外則是〈聶小倩〉故事中的金華妖怪），哪怕如此，人類在面對這些惡鬼時也並非一開始就尋求對抗，而是給予對方空間，冀望能不相互干擾罷了。

王生某天早起散步時，遇見了一位美麗的女子。後者告訴他，自己是從大戶人家逃出來的姬妾，王生見獵心喜，很快就答應了下來。我們從後文中知道，王生是一個有家室的中年人，而他遇見女子的時間則是清晨，亦即黑夜與白天的交接時刻，恰好對應著王生不上不下的年紀。換句話說，他之所以會遇見食人鬼魅化成的美女，正是因為他在走近中年時面臨了個體化考驗的緣故。

中年的個體化考驗

和多數人想的不同，考驗在每個人生階段都會發生。但我們更看重青少年期所追尋的自我認同，輕忽了成年後的自我完整任務。那些在社會化過程中逐漸遺落的面向，那些為了使自己能被擺放進框架內，因而被自己丟棄在框架外的其他部分，將會逐漸累積成考驗，而在深度心理學裡，我們稱它為陰影。對男性來說，陰影很容易結合我們內在的異性特質而出現，女鬼與狐仙傳說的心理學意義便是如此，但王生遇見的卻比這更為嚴峻。

作為一個成年人，當他遇見了心靈提出的挑戰時，他以詭詐的方式接受了這個美女。他邀請對方進入自己家中的密室。在夢的象徵裡，家中的密室或地下室常常指著自己的內心深處，他一下子就將自己深處的祕密揭露出來，然後把不知來歷的女子安放在該處。很快他發現，天上掉下來的禮物不是禮物。

在這裡，我們要注意妻子的角色，因為首先提醒他注意女鬼的正是妻子，易言之，當王生的意識自我錯識了由陰影偽裝成的禮物時，象徵阿尼瑪的妻子很快就提醒了他。女性的直覺總是敏銳，而阿尼瑪又象徵著生命之源，因此妻子勸他將女子趕走，意味著不要接近那些陌生的黑暗。可見阿尼瑪是靈魂的嚮導。她是靈魂和下界的橋梁，由於下界是黑暗的冥府，所以若沒有她的指引，人在個體化之路就很容易走向沉淪與死亡。而當王生拒絕了阿尼瑪的善意後，作為陰影的惡鬼以情慾作為突破口，很快就展現出它的死亡特質。

我們常形容一個談戀愛的人「著了魔」，我認為在中年著魔尤其值得討論。因為相較於對外在世界感到好奇的青少年，中年反而是一個我們應該開始對內心世界感到好奇的年紀。此時的著魔更像是內心某種情感或經驗的外溢，這個經驗我認為是宗教性的，亦即一種臣服於更大的我的經驗。我們在〈小謝〉中已經討論過青春意象的難以割捨，而宗教經驗則直接帶領我們體會奧祕，讓小我得以超越。這一切被混雜起來，投射到外界的某個人身上時，救贖出現了。對那些遲遲未尋找自身宗教或靈性感動的人來說，情慾就是他們的宗教。很遺憾地，沒有任何一個人可以獨自承擔這些集體性的、大我性的東西。所以最終這樣著魔般的狂喜還得退去，只留下複雜的婚姻危機與倫理問題。拒絕妻子建議的王生就這樣一步步走在錯誤的道路上，直到他遇見道士的那一天。

作為「邊緣人」的道士與將信將疑的王生

王生在趕集時偶然遇見了一位道士，死亡的氣息籠罩著他，以致於道士一眼就看出，關切地問他道：「你有遇見什麼怪事嗎？」王生連番否認，不得已，道士只好邊走邊搖頭：「奇怪了！世間真有死到臨頭還不覺悟的人！」這下王生才終於起了疑心。道士這個職業遊走在城鎮間，居無定所。溝通神鬼是他們的工作，在〈向杲〉和〈小謝〉一文中，我們都曾討論過道士的象徵意義。他在傳說中扮演著特殊的角色，一如歐美故事裡的巫師，是追求著至高之「道」的職業。這樣的人是跨界遊走的人，也是高於凡俗（但在某種程度也受人輕視）的人。所以我們看見哪怕王生起了疑心，也還認為道士不過是騙飯吃罷了。為了求證，他翻過圍牆的缺口，從窗戶邊偷窺內室，赫然發現這名女子是由一個惡鬼變成的，那惡鬼取下身上的人皮仔細地描摩，當牠將人皮披在身上後，就成為了美麗的女子。

道士提醒他，你那貌似快活得意的人生已經籠罩了黑暗，若不是道士的話讓王生起了疑心，他可能到死都不會明白原因。只可惜許多跟王生有相同遭遇的人對道士這樣的人物與象徵都嗤之以鼻，就像那些拒絕走在社會安排好的道路上的人；又或是那些網路上的心靈雞湯，在王生這類「成功人士」眼中若不是人生的失敗者就是可疑的詐騙文章。在他們看來，心理師或輔導人員也類似於故事裡的道士，是個奇怪但不得不的存在，他們的工作是對付那些社會的「邊緣人」，而這些邊緣人之所以會有問題，不過是由於意志不堅罷了。他們對內心世界沒有興趣，遑論陰影工作。

但在我看來，這並不是說「成功人士們」沒有心理需求，而是他們更偏好討論身邊人的心理需求，例如抱怨自己的孩子、孩子的老師、同事、朋友、客戶，乃至另一半。易言之，有問題的總是他，不是我。但敏銳的輔導或社工人員很快就會發現，真正需要幫助的是他自己。遺憾的是，他們常像故事裡的王生那樣，認為試圖幫助自己的人不過是想騙飯吃罷了，然後對他們缺乏解決問題的效率擺出不耐煩的臉色。

象徵人格面具的美人皮

在故事一開始王生還不清楚對方的底細之前，他就急忙邀請對方進駐自己的內心深處（亦即密室），接著故事在這裡出現了有趣的翻轉，為了得到真相，王生一改先前大膽邀女子進入內室的作為，他像做賊一般翻過家中的圍牆裂口趴在窗邊偷看。如果內室或密室象徵著我們的內心，這個窺伺內心的舉動又是什麼？那刻起，重要的改變就出現了。因為他不再以家中的主人自居，而是審慎地轉向內在，觀看著自己的深處。易言之，他從外界轉向了自己。這才發現女子原來是惡鬼，那美麗的外表不過是刻意修飾出來的一層假皮而已他嚇壞了。

如果鬼是我們內心的陰影，亦即那不忍直視又臭不可聞的東西，王生會被它嚇到是完全合理的。但陰影真正使人驚嚇的還不僅於此，它最可怕的地方在於——原來那令人噁心的東西竟是我自己的一部分！易言之，王生的恐懼並不是對著女子而發，而是對著自己內心的黑暗。轉身面對黑暗，正是每個人在中年時期的首要任務，而這個故事精準地描繪了這個瞬間。那繪著美女的人皮象徵著我們的「人格面具」，亦即用來與外界交接互動的角色，那是我們的向光面，我們前半生亟欲成為的那種樣貌：老闆、主管、文青、科學家、某名師以及任何聽起來有頭有臉的人物。而這些人格面具的背後竟然藏匿著長滿獠牙的厲鬼，我卻天天與它同床共枕！

與陰影的首次相遇

王生連滾帶爬地逃了出去，因為他與陰影面對的首次經驗實在太過負面，一如《地海巫師》裡的格得首次見到自己召喚出來的鬼魅那樣，他全身失去了力氣，甚至寧願前往下托島屠龍送死，也不願坐著等它到來。關於格得的故事，就請讀者自行參閱拙著《故事裡的心理學》下冊，此處先略過不表。王生想方設法地找到了道士，也就是先前那個被他認為騙飯吃的角色。道士只淡淡地說：「這鬼也是辛苦，好不容易找到了交替，實在不忍心傷害牠。」

把傳說的情節換成當代的場景又是什麼樣子？每個英雄都會被時間擊敗，「成功人士」也是如此。不論他們多熱愛跑馬拉松、打網球、維持體態，但在與年紀爭鬥的過程裡，重要的一刻終會來臨，我們會在身邊發現那再也不可逆轉的東西：孩子的婚禮、另一半出現的老態、免費健檢的通知書（這是只給年長者的專屬福利）

和同事的退休歡送會等等。如果人未能在中年之後準備好邁向更深層次的人格整合，類似的負面經驗就會現身。

舉例來說吧！當事人可能會夢見有怪物正吃著自己的身體，或自己被獅子追趕到地下室躲藏。現實生活中也會出現相應讓人不得不提防的變化，例如貌合神離的夫妻關係、匆匆吃完年夜飯就離開的成年孩子、使用著敬語和過度客氣的老同學，這些小地方都在提醒當事人生活中似乎有地方出了錯，進而思考著「我是不是活錯了生命？」其實，那是因為曾被我們丟棄到框架外的東西，現在正回過頭來要求自己應有的位置，它們共同構成了焦慮的來源，甚至會使我們突然覺得喘不過氣，造成恐慌發作、失眠或掉髮等生理症狀。王生與陰影的首次相遇就遇見了這樣的東西。

接納對方缺陷的時刻

從另個角度來說，這也象徵著王生缺少洞悉關係本質的能力。這樣的人之所以「愛」，是把對方視為一種功能或工具去愛。他們總是愛對方的某項特質（你的責任感很吸引我，或我喜歡她的女人味）、身體上某個部位（我喜歡你的眼睛），或某種自己沒有的能力（她是個藝術家，或他對機械很在行）。愛只能是全部，它無法被拆解。這是為什麼當惡鬼脫下外表的人皮時，王生被嚇得肝膽俱裂。此時他的惶恐就是許多人在熱戀期結束後所經驗到的，原先投射出去的美好幻想在現實的檢核下破裂了，他們開始被迫去認識眼前那個原本的「人」，這才發現原來對方的人格面具底下也藏匿著自身的陰影。這時刻雖然可怕，但卻是接納對方缺陷的時刻，是認識完整他人的時刻，也是真正的愛即將誕生的時刻。如果不能與這樣的黑暗相處，我們就得不停地在新對象身上找到慰藉，然後一次次地飽受驚嚇。

道士此刻又得到了重視，原來魑魅魍魎真的存在，只是它並非躲在外界，而是住在我們心裡。道士遞給王生一枝能趕走蒼蠅的拂子，蒼蠅象徵著那些擾人的東西，它們是如影隨形的焦慮症狀、隨時闖進我們正常生活的強迫性念頭，以及身不由己的各種成癮行為。拂子就是拂塵，是用來趕走蚊蠅和撢拭灰塵的工具，它象徵著一套使人得到暫時安歇的理論，以便我們在忍受陰影以及真的看穿焦慮根源之前，能暫時與之隔絕。所以道士才要王生將拂子掛在門口，作為隔絕厲鬼的保障。

喪心：對陰影工作毫無準備的下場

沒想到，這鬼猶豫了一陣後，口裡罵道：「這道士嚇唬我，難道要我把口裡的肉給吐出來嗎？」於是把拂子撕碎，進屋殺了王生，取走了他的心臟。如前所述，王生是從不認識自身陰影的「成功人士」，而道士則是他半信半疑的輔導人員。道士給的拂子就象徵著輔導人員或心理師給出的「專業建議」，這些建議只不過讓陰影在潛意識表層稍微作了停歇，而後很快就轉化成不同的身心症狀繼續肆虐。我們不妨在這裡討論一下為什麼這些貌似專業的建議在焦慮面前常常是無效的？

我一直對行為改變技術或者那些有著固定步驟的治療方案持保留態度。這些方法並非全然無效，不過從現場來觀察，未能因它受益的當事人似乎不在少數。我想那是由於多數當事人來到我們面前時，尋求的是理解，而非方案的緣故吧！舉例來說，孩子之所以不想上學的原因非常多元，每個為此困擾的家庭需要不同的解方；而同樣是憂鬱症，成因也各個不同，絕不可以一概而論。是經濟因素？手足情結？身體病痛？社會歧視？還是有童年創傷？乃或上述原因的加總？在這些成因尚未被充分理解之前，治療方案恐怕不會有太多效用。技術應隨理解而來，但部分教育及輔導人員依舊迷信各種方案，倒果為因，認為是這些方案帶來了理解，好像不提供解方就不算有幫助一樣。這種對「確定步驟」的需要，究竟反映的是這類老師及心理師對自身專業感的需要呢？還是當事人渴望被理解的需要呢？仔細想想，答案應該是很清楚的。

為了逃避陰影投入宗教容易淪為迷信

回過頭來談王生，難道他對自己的處境沒有責任嗎？他先是否決了妻子的直覺（這類人總是不相信直覺），而後在毫無準備的情況下潛入了自己的心靈，這才驚訝地發現原來那裡恐怖醜惡，先前的自己卻渾然不覺。傳說裡沒有提到，但現實中頗為常見的是，這類人在發現陰影的存在後，很容易一股腦兒投入身邊的宗教體系尋求支持，全然不顧它的合理性與現實的要求。也就是說，他們迅捷地從逃避靈性轉為靈性逃避，亦即從瞧不起這類迷信過時的東西轉為全然躲在信仰體系中不肯面對現實。

那些新聞事件中荒唐的宗教聚會與「大師」們底下之所以總有不少高社經人士與高知識份子的信眾，原因正是如此。他們把自己當救世主，又或是把別人當成自己的救世主，其內在都同樣是幼稚的。所以當王生跪求解方，把道士當救世主的那刻起，就已經注定了他的死期。唯有對自我的信心，才是走向個體化的憑藉。但僅有信心，個體化也是不可能完成的。這凶殘的厲鬼撕碎了拂子後，也扯走了他的心，王妻只能抱著屍首痛哭。王生一連串失措的舉止，都說明了他是一個對陰影整合毫無準備的中年人，心的喪失是他注定面對的下場。

偷窺：人對黑暗的致命好奇心

王生之弟受嫂嫂所託找到了道士，道士聽後大怒：「我本來還可憐牠，這鬼竟敢這麼大膽！」這是人類與陰影決裂的重要時刻。前言裡曾經提到，陰影雖是我們的一部分，但其更包含了非個人性的元素，亦即世代相傳的種種黑暗經驗。在那些經驗中，有許多根本無法被倫理學所接受的內容。遭凌虐的痛苦、施虐的快感、亡故前的恐懼與憤怒，以及在無情命運前的徹底絕望。生在和平時代的我們或許很難想像，但在戰爭時期生活的人們肯定不陌生，陰影原型中就含括了這些同類們曾經歷到的黑暗，而這些都在我們的教育及文化中被壓抑至最深的角落，根本不屬於我們。王生潛回內室對惡鬼的偷窺是致命性的，原因正如上述，歸因於他對陰影工作毫無準備。

厲鬼傳說告訴我們，有些陰影無論如何都不可能被整合。我們只能同意它確實存在，卻無法允許它在我們身上顯現出來。當惡鬼殘忍地取走了王生的心臟後，王生的自我徹底被毀滅了。那是毫無準備之人在面對陰影原型時的恐怖遭遇。回想寧采臣在面對金華妖怪時的準備，他先是聽從聶小倩的建議與燕赤霞同住，而後又遵從燕赤霞的告誡別去偷看盒子裡的東西，最後他得到了一個劍囊，那為自我與至深的黑暗立下了有力的結界。反觀王生卻不是如此，他先是任由情慾擺弄，駁回了妻子的建議，然後又在道士面前説了謊，否認自己生活出現異狀。最後他在沒有前人奧援之下，潛入了象徵內心的密室，被那裡的恐怖影像嚇倒了。

日本神話也出現過類似的場景，創世神伊邪那岐與伊邪那美是被稱為「同代神」的兄妹神，換言之，他們是不分彼此的一體。後來伊邪那美因為難產而亡，伊邪那岐想念妻子來到了黃泉，希望能帶伊邪那美回人間，妻子先請他稍等，他要與黃泉大神商量，又告誡他：「萬萬不可偷看我。」伊邪那岐最終沒能克制自己的好奇心，他燃起了火把，結果看見了滿是血膿的妻子，嚇得逃回人間。伊邪那美覺得自己被汙辱了，一路追殺，最後伊邪那岐在人間與黃泉交界處放置了大石塊予以阻絕，從此兩界不再相通。

同樣是日本神話的例子，山幸彥的妻子豐玉比賣懷孕了，後者是海神的女兒，她告訴丈夫：「我要變身成原有的模樣才能生產，記住那時不要偷看我的樣貌。」山幸彥克制不住好奇心，偷偷地看了妻子的模樣，結果看到一隻大鱷魚，嚇得退了好幾步。豐玉比賣深以為恥，生完孩子後就將孩子丟著，躲回了大海。

這些例子都説明了，除非有充分準備並加上前人的指引，否則人應當節制對黑暗的好奇心，因為它不是我們可以完全控制的東西。但食心惡鬼遲早都會拜訪我們，所有在成年前期讓我們獲得舞臺及尊敬的特質，諸如毅力、耐性、忍受力，往往都會在中年時翻轉成了劣勢，失衡的心靈會以各種症狀或關係的衝突向我們抗議。力度之大，未曾經驗的讀者或許很難想像。就像傳説裡的描述，那佔據我們內室，畫著人皮的厲鬼，終有一天會偽裝成禮物的方式現形。萬不得已，我們只能對黑暗展開回擊，但回擊黑暗畢竟是屬於治療師或有經驗者的任務，作為當事人的王生則必須讓自己在退行中緩慢得到療癒。下面我們分別來談談這兩個不同層次的工作。

修養與自信：關於回擊黑暗

我們的內心並不平靜，潛意識裡孕育著各種原型經驗的種子，靜靜地等待發芽的時機。王生沒有寧采臣對色誘的堅毅不屈，也沒有他對好奇心的自我克制。他一下子就被美色所迷，又不顧道士（亦即個體化之路的前輩）的善意告誡，止不住好奇心的他很快就被陰影給擄獲了，最終失去了自我。王生的死是退行的隱喻，當事人原先立身處世的價值觀被推翻，正重新評定一切的標準，質疑著過去的自己以及學習到的一切。在此階段中的當事人可能會感覺自己的腳底下踩了個大空洞，怎麼也站不穩，那些他曾傷害過的人，看不上眼的朋友同事，他們的形象也一起湧上心頭。過去追求的理想，以及自以為不可侵犯的正義突然間都失去了意義。

道士被迫與陰影決裂了，他象徵著我們在此過程中求教與求助的對象。在那之前道士還想著與陰影安然共處，現在他不得不將它消滅。作為個體化的先行者，他知道如果有些黑暗無法安撫，不得已的情況下必須用強力的方式回擊，這在許多故事裡都是最後一步。因此他拿起木劍往裝扮成老太婆的惡鬼一劍砍下，她頓時倒下，人皮嘩一聲掉了下來，化為一個厲鬼，叫聲像豬一樣。然後惡鬼化作一縷煙，被道士的葫蘆給收了去。

回擊黑暗說來容易，在教養或諮商的過程中卻是極複雜困難的事。我所尊敬的日本心理學家河合隼雄博士曾經說過一個例子，我認為頗類似這樣的情境，分享如下。他說自己在晤談室裡對一位從事援交的女學生進行諮商，她一臉無所謂地告訴河合隼雄，這是她的身體、她的人生，難道沒有自主的權利嗎？河合隼雄無法回答這個問題，只能堅決地告訴她「不行的事情就是不行」，那女孩子似乎有所感動，從而開啟了治療的第一步。

確實，有些事情是再怎麼討論也沒有結果的。不論是從贊同的那一方，還是反對的那一方來論述，都有它可以被接受之處。面對似是而非的理由時，河合隼雄選擇堅決地回應了當事人，告訴她有些事情就是無法被允許。再舉個例子吧！有人說父母親不用刻意限制孩子上網的時間，因為孩子要學會對自己的人生負責。加以限制反而是表現出對孩子的不信任態度。試問這樣的理念是對還是錯呢？

回擊黑暗確實不容易，在教養過程裡，只要稍有遲疑，孩子或學生很快就會發現大人的猶豫及軟弱。大人睡前也很容易面對手機的誘惑，如果不能第一時間果決地關機休息，自己恐怕也會無止盡地熬夜下去。在擺出與黑暗對決的姿態時，修養才是最困難的事。若非如此，當事人很快就會認同黑暗，或者被黑暗俘虜。很遺憾地，我在晤談室裡就多次看過這樣的情形。

這些認同黑暗的孩子，其價值觀已經完全偏差，成為了任何大人都無法稱許的模樣。在這種情況裡，父母親往往也深陷黑暗之中。親子之間或者有著共依附與共謀的關係，甚至父母親或當中的某一方也對錯誤的價值觀深表認同。他們會操弄周遭的人際關係、透過威逼利誘、傷害他人及反公義的方式來達成私人目的，這樣的情況絕非罕見。用厲鬼傳說的語言來說，這些人可以被形容為遭厲鬼上身，甚至被厲鬼所殺死了吧！他們意識層面的自我在黑暗面前節節敗退，毫無抵禦能力。而養大內心厲鬼的原因又是什麼呢？小說《化身博士》與《黑貓》中有極深刻的描寫（詳見《故事裡的心理學》下冊），再請讀者參考。

回到陰影這個主題來說，它的最黑暗處藏匿著個人無法承受的東西，這些東西一旦湧現，闖入乃至主導個人的意識時，我們又該怎麼辨呢？換個例子來說，多數人都曾經有過想要傷害某些人的念頭吧！這樣的想法雖會闖入我們的意識，但多數能在不久後被我們給抑制。易言之，我們的良知或者「超我」在此刻回擊了它，否則這樣的念頭就會主導我們整個人格。

我們有千百種方式來處理這些來自黑暗且不可化解的衝動，而回擊是當中最不得已的一種，甚至不能擔保一定有效。否則古人就不會將這樣的選項交給超越自己的事物（也就是神明）來執行。要回擊黑暗首先要求當事人有足夠的信心與堅決，而這樣的信心與堅決絕不是盲目的，它是根植於個體化路上累積而來的自信。「道」這個字在中國文化裡象徵著個體化的最高成就，我們使用「證道」、「悟道」這樣的詞彙絕非偶然。道士因此能夠認出厲鬼，甚至予以擊殺，他在此處扮演的角色與〈聶小倩〉裡的燕赤霞是相同的。

回擊黑暗畢竟不是王生這樣對陰影整合毫無興趣與準備的人物可以做到的事，失去心的他只能在漫長的等待中修復，重新尋找他的心。

尋心：道在屎溺中

現在厲鬼被道士收服了，進一步地被阻絕在意識之外，但王生還在退行之中。易言之，治療師或許已經降服了症狀，但遭遇厲鬼襲擊的當事人必須要靠自己的力量重新找到意義，而這正是為何道士要王妻自行去拜託乞丐的原因。要注意的是，厲鬼只是被收服在葫蘆裡，而不是被殺死。原因已如《故事裡的心理學》所談的那樣，陰影是無法被殺死的東西。王生過去的自我認同已被證實為錯誤或虛假，原先佔據人格中心的厲鬼雖已退去，但人格的中心卻遺留下了大片的空白，這正是被取走心臟的屍體所代表的意涵。心臟不再跳動，象徵著生命的節奏中止了，我們變得渾渾噩噩，生活只剩下簡單的刺激與反應連結。道早問好、閒聊寒暄、工作、旅遊乃至性愛也只是機械式的回應，不再反應生命的真實況味。因此王妻才開始了接下來的尋「心」之旅。

她懇求道士復活王生，道士實在沒有辦法，見王妻苦苦相求，他於是告訴王妻，市集上躺在糞堆的瘋乞丐或許可以給王生一個全新的「心」。

比起道士，乞丐更是卑微的存在。而那能重新給「心」的人竟然躺在糞堆裡！關於此點，兩千年前的《莊子》就有過一個故事。東郭子問莊子：「所謂的道，究竟在哪裡呢？」莊子回答：「道無所不在。」東郭子又問：「請您明示我吧！」莊子回：「在螻蟻。」東郭子說：「怎麼在這麼低賤的地方呢？」莊子說：「在雜草。」東郭子驚訝地說：「怎麼又更低賤了？」莊子說：「道在磚瓦。」東郭子說：「怎麼愈來愈過分了？」莊子說：「道在屎溺之中。」東郭子終於無話可說。

這是一個不斷向下找的寓言。東郭子求道，他以為道應該是光明的，就如多數的我們所假設的那樣。那個萬物的起源，一切的歸宿，必定是如基督教的上帝那樣至善至聖的存在。但當他要莊子明示的時候，莊子卻一路指引他向下，直到人世間最低賤卑下的東西，而糞堆中的乞丐正呼應著此點。道士這類人物不免還有所求，他們求「道」。但真正的得道者一無所求，他不在乎名聲稱謂，不在乎世人眼光，他的「瘋」很顯然暗示著他拒絕走在社會安排好的道路上。這樣的人在深度心理學裡被稱為「搗蛋鬼」。在榮格的觀念中，他們是低於人類同時又勝過人類的。要說低於人類，是由於搗蛋鬼具有野獸般的特質，所以瘋乞丐才在後文裡吐痰讓王妻吞下；要說勝過人類，是由於搗蛋鬼同時也可以是英雄，所以他才有能力替王生再造一顆新的心。這個再造的能力，就是搗蛋鬼原型的重要特質。

框架與拿掉框架

《哈比人歷險記》（見《故事裡的心理學》下冊）裡的巫師甘道夫，就再造了中年哈比人比爾博的人生，讓他從一個貪圖安逸的狀態轉向偉大的冒險，完成了自身的個體化。北歐神話裡的洛基引發了諸神的黃昏，使舊世界殞落，再造了新天地。不說別的，家裡的孩子們不也是天生的搗蛋鬼嗎？他們搗毀了作為父母的我們過於貼近現實與秩序的態度，從而再造了我們好奇與新鮮的眼光。糞堆中的瘋乞丐就是同樣的人物。他如果不夠瘋，就沒辦法使王生自死去的狀態中再生。對覺知到舊有人格面具業已不適用的人來說，循規蹈矩就算能使之重回現實，也等同是鼓勵他繼續以分裂的態度過生活。我們的心理治療與教育體制就一直存在這樣的問題。一味地強調適應（考上好學校、找到體面的工作）、強調「正常」（和大家有一樣的思考、遵從主流價值），強調自我的功能（邏輯、理性、分類、時間管理），這些都是正確的，但並非是唯一正確的。

許多人一開始在面臨中年危機時就有這種錯誤的期待，他們希望自己再次回到原本「成功」且「正常」的人生。對家庭主婦來說，她可能希望孩子重新變得「聽話」，希望自己仍是一個世俗觀點中的「好媽媽」。對中年男性來說，他的希望何嘗不與之類似？希望另一半重新當個配合溫順的「好太太」，希望自己仍像過去一樣是一臺不知疲倦的「好機器」，可以全心全意地在職場上奮鬥。全然沒有察覺到所謂的「正常」其實只是我們生命中的某種狀態，然而那些不正常的狀態也同樣屬於我們。

有多少人，就有多少個性，也就有著多少個體化的途徑。沒有人能完全把自己放入同一個框架。框架是重要的，特別對中年以前的我們來說更是如此。我們需要框架來聚焦，需要框架來養活自己和家人，需要框架來明白自己處在哪裡，還需要付出多少努力。但中年之後，適度地拿掉框架變得更為重要。瘋乞丐因此代表了與現實保持距離的態度，他以另類和非常態的楷模提供了全新的認同。他對王妻的羞辱以及王妻對乞丐的忍受，兩者共同確保了王生不再重返過去錯誤的生活方式，作為王生內在的阿尼瑪，王妻向乞丐低頭並吞下痰的那一刻，等同用行動承認了「道」無所不在，黑暗處深藏著黃金。甚至在最卑賤的地方，才孕育著重生的可能。痰化成了全新的心，在王妻的胸膛裡成長、重生，而後吐了出來，填補了王生的胸膛。

懷孕與生產是專屬於女性的能力，若非阿尼瑪的協助，象徵嶄新自我的「心」就沒有地方可以孕育。可見當自我隱沒，進而失去了原有功能時，只能憑藉我們內心的異性面向來會通人格的核心。阿尼瑪原型是橋梁一般的存在，既連接著外處的人際關係，也連接著黑暗與神聖，此又是一例。

失而復得的心

王生的心失而復得，並在妻子的守護下恢復了呼吸，天亮時掀開被子，他已經活了過來。王生醒來後說：「恍惚像在做夢，只覺得腹中隱隱作痛。」所有終於走過退行歷程，重新建構起人生意義的當事人都會有類似的感嘆。過去的日子猶如夢境，不明白自己何以那麼幼稚、負面與消極，但這個過程或許是必要的吧！不和這樣的過程相處，重要的啟示就無法萌現。但這絕不是說在這樣的過程中我們可以什麼都不做，只安安靜靜地等著解答出現。相反地，當事人仍然需要進行許多嘗試。重點不是嘗試之後「得到」了什麼，而是嘗試著「去做」了什麼。意義在過程中浮現，它是經由我們與生活的直接接觸而逐漸產生的，不會單憑思考而得到。

王生掀開原來的傷口一看，發現只有銅錢般大小，很快也就癒合了。心靈的修復能力就是這麼神奇。長大確實困難，難以跨越的關卡在通過後不久就會被我們遺忘。其實那不是遺忘，而是成為了我們帶往下個人生階段的一部分。大學聯考，好友背叛、兵變分手，哪一次不使人痛徹心扉？殺不死我們的使我們更堅強，那些人生過不去的關卡往往有其意義，那意義就在於「過不去」。這不是什麼強詞奪理的悖論，而是心理學的事實。過不去的事物使我們成為與眾不同，因為我們有祕密，有這樣的創傷，和那樣的不完美。海邊沒有兩顆相同的石頭，因為它們經歷了不一樣的遭遇才來到我們面前，正因如此，它們才成為兩顆不同卻一樣美麗的石頭，而我們的生命也是如此。

黑暗是他者還是自我？是謎語還是祕密？

這是一則遭遇黑暗襲擊的故事。傳說告訴我們，意外可以有姣好的面貌，最不能直視的是深藏我們心中難以忍受的自己。當陰影遠遠超過了個人可以忍受的限制時，它就必須被除滅。這是面對厲鬼的第三種態度，也是最不得已的方式。想想民俗信仰裡的王爺巡狩與媽祖繞境，這些逐疫驅鬼的傳統就有這樣的意味。驅逐自己或他人心中的厲鬼都是不容易的，要以強力的態度回敬黑暗時，務必要考量自己個體化路上的準備程度才好。這是為什麼古人會將這樣的工作委交給神明或其代言人。但對宗教觀念薄弱的現代人來說，這漸漸地不再是一條可行的路。因此重點仍是走向個體化的勇氣，讓我們試著與自身的黑暗相處，同時不要過分地好奇它。

理解黑暗並非要探究到底。理解是緣於明白它是我的一部分，我關愛且尊重著它。探究則是帶著意識自我的驕傲，想用自身的光明去照亮黑暗，它因此被我視為我以外的「他者」。易言之，這是祕密與謎語的不同。當我視黑暗為一個祕密，我就得要尊重與等待，而祕密自身則依其意願決定是否對我彰顯。黑暗因此成為我的伴侶，我時時注意且關愛著它，用心維護它的自主性。反之，如果我視黑暗為一個謎語，我就必須破解它，得到解答。黑暗因此變成一道題目，而我則成了解題者。我們將因此處於對立的關係。

這麼說來，黑暗不僅是黑暗，同時也是我們得到整合的樞紐。如果完整是神聖的代稱，那麼厲鬼與神靈的關係就在這裡浮現了。我們在〈蔣子文〉及關羽傳說裡已經見證過這樣的劇烈轉折，下一則的〈王六郎〉故事將更清楚地指出兩者的連繫。

許某感嘆道：「這樣的仁心足以感動上蒼啊！天神若是知道，一定會來相助，六郎寬心。」六郎舉杯道：「能夜夜與兄相聚，未嘗不是好事。」自此，二人又每夜相聚，暢飲如初。

伍、王六郎（中國・《聊齋誌異》）

故事大綱

淄川北郊，住著一位姓許的漁夫。他每天夜裡都帶著酒到附近河裡打魚，工作完後就悠閒地喝著酒，自己一個人喝沒意思，所以常以酒灑地，請河中的溺死鬼一起喝酒。他口中總是喃喃地說：「河中的溺死鬼，請一起喝一杯吧！」說來奇怪，他的收穫總是比其他人好。

某天夜裡，他正在獨飲，忽然來了一個少年在岸上徘徊，他看了那少年很久，便呼他過來一同飲酒。那少年很高興地答應了，兩人聊得很開心，有如多年好友一樣。三更時分，漁夫獨自到江上收網，沒想到一無所獲，他不禁失望起來。那少年看了急忙起身告訴他：「許兄不要擔心，待我到下游去把魚都趕上來！」說完之後就起身離去，等他回來之後再收網，果然捕得許多大魚。漁夫於是想要送魚給他作為回報。

沒想到少年卻婉拒了：「常讓許兄請喝酒，沒什麼好回報的，趕魚不過是舉手之勞，如您不嫌棄，我就常過來。」漁夫說：「你我今天才認識，怎麼能說常呢？

你要是願意常來，那就太好不過了！只不過除了幾杯水酒之外，也沒有什麼東西好招待。我們說笑了一夜，還不知你怎麼稱呼？」那少年回答：「我姓王，無字，許兄可以叫我六郎。」

第二天賣了魚，許某又多買了一些酒，夜裡到河邊時，六郎已經到了。兩人暢飲極為痛快，結束後少年又為他趕魚。就這樣過了半年，有一天，少年突然來道別，言語甚是悲傷，許某急問原因。

那少年欲言又止，說：「只怕說了會嚇著許兄，但你我相識已久，情同知己，如今就要分開，我也不能再隱瞞了。我其實是鬼不是人，生前貪杯，一次酒醉後不小心溺死在此，如今已很多年了。明日我業報將滿，就要投胎轉世，到時會有人來接替我，今晚是我們最後一次相聚，心中很難過。」

許某聽他這麼說，起初雖然恐懼，但畢竟有了感情，知道六郎不會害他，漸漸地也就不再害怕。他有點傷心，不禁欷歔感嘆，幾乎就要流下眼淚。於是為六郎斟滿一杯酒，說道：「你我有緣相識，情同兄弟，不想轉眼就將別離，但六郎也不必太難過，如今你即將輪迴轉世，應該感到高興才對，何必傷悲呢？讓我們乾了這一杯吧！」兩人情到深處，彼此無言，於是又喝了一回合。許某問：「將要替你的是什麼人？」六郎道：「明日正中午，會有一位女子來到河邊，她將落水淹死，那便是我的替身了。許兄可在河畔等候觀察。」

如此說著，不覺已經天亮，六郎已不得不離去，二人揮淚而別。這天正午，許某等在河邊，果然看見一個女子走了過來，懷中抱著一個嬰兒。她剛走到河邊，就不幸失足落水。女子急將嬰兒拋到岸上。經此一摔，嬰兒伸手蹬足，啼哭不已。而女子在河裡浮沉，拼命掙扎。然而不久之後，她竟又爬上岸來，躺在地上休息喘氣，等氣力恢復後就抱起孩子走了。

女子溺水時，許某心裡很不忍，幾次想跑去救她，但轉念一想，她是來給六郎做替身的，也就拋下救人的念頭。後來女子竟自己爬上來了，他又覺得奇怪，那六郎怎麼辦！難道他說錯了？

當天夜晚，許某又到河裡打魚。六郎過來說：「今又聚首，不用向許兄道別了。」許某問他：「昨晚說的怎麼沒應驗呢？」六郎道：「這女子確實是來代替我的，但若她死了，岸上的嬰兒也不能獨活，為我一人要殘害兩條性命，我心中實在不忍。這才將她托上水面，救她一命。如今要再等下個替身，又不知要到何時，大概你我緣分未盡，誰知道呢？」許某感嘆道：「這樣的仁心足以感動上蒼啊！天神若是知道，一定會來相助，六郎寬心。」六郎舉杯道：「能夜夜與兄相聚，未嘗不是好事。」自此，二人又每夜相聚，暢飲如初。

但只過了幾天，六郎竟又來道別了。許某問他莫非又有替身？六郎道：「這次不是替身。乃是上回的惻隱之心感動了上天。天帝命我去招遠縣鄔鎮擔任土地神，明日即將赴任。如今弟有個願望，想請許兄到鄔鎮一聚，雖路遠難行，仍殷切期盼許兄能一往。」

許生祝賀道：「六郎正直成神，甚慰人心。但路途遙遠，就算路近，我縱然去了，又如何能與你相見呢？」六郎道：「許兄只管前去，不要憂慮，到時我定會出來與兄相見。」當天夜裡，許某回到家後立即收拾行李，準備去招遠。他老婆笑他癡頑，說此去招遠數百里，就算真有什麼鄔鎮，也真有什麼土地神，恐怕跟一尊泥像也沒法敘舊吧？

但許某深信六郎，跟老婆也沒法解釋，只能不予理會，獨自直奔招遠，打聽之下，果真有鄔鎮。於是又一路尋至鄔鎮，找了一家小客店住下，再向店主打聽土地廟的位置。店主驚問：「先生莫非姓許？」許某道：「是啊！你怎麼知道？」店主又問：「我還知道先生是淄川人，對不對？」

許某又道：「奇了，店主是如何知道的？」店主來不及回答，匆忙奔出。隨後陸續來了好多人，男女老少都有，將客店圍了個水泄不通，女子不便見生人，都躲在一旁暗暗窺視。彷彿遇見什麼奇事，眾人都又驚又喜的。許某不明所以，也看得目瞪口呆。

眾人告訴他：「幾天前，曾夢見土地神說他在淄川有一位姓許的故友，近日將來此地拜訪，希望大家可以代為招待。自此我們日夜等待，恭候已久了啊。」許某聽了感慨萬千，無以言表，忙請眾人引他到土地廟。

許某祭拜道：「自與您道別後，日夜都很思念，今日為了約定來到此處，又蒙您以夢告示眾人，愚兄非常感激，很慚愧沒東西可報答，只有水酒一杯，如您不嫌棄，就當它是過去我倆晚上的河邊之飲吧！」隨後焚燒紙錢祭拜六郎。忽然吹起了一陣風在許某面前旋轉許久才散去，眾人都很驚異。

夜裡他夢見六郎，衣冠楚楚，已非昔日可比。六郎作揖道：「許兄遠來探訪，弟非常快慰，無奈官職微小，不便會面，咫尺天涯，實在令人感傷。弟已托百姓代我略贈薄禮，以酬謝您我當日的情誼。許兄哪天回去，弟必當相送。」

許某在村裡住了些日子，雖然不捨，但畢竟無法與六郎會面。如今探望已畢，還是決定回去。眾人挽留不住，爭相邀請，一日之內受邀到好幾戶人家裡作客。如此又過了一兩日，許某堅辭回家，眾人沒辦法，只得放行，他回鄉前大家都拿著禮品過來送行，一路送至村外。忽然起了一陣風，在許某身旁迴旋，一路隨行十餘里。

許某知道是六郎，乃再拜道：「六郎你珍重。送君千里，終須一別。你為人懷抱著仁愛之心，必能造福一方百姓，無須愚兄多囑。這是百姓們的福分，愚兄姑且代他們道一聲謝，也不枉招待了我這些日。」六郎聞言，駕著風盤旋了許久，雖依依不捨，到底漸漸飄散了。

村民既驚且嘆，但見土地神已回，也就都各自回去了。許某回到家裡，繼續每夜攜酒到附近河裡打魚，後來家業興旺，漸漸寬裕起來，即不復當漁夫，但仍時常帶酒到河邊緬懷六郎。每次遇見招遠來的人，就問問關於土地神的事，他們都說土地神有求必應，十分靈驗。

故事解析

完成個體化的偉大主角

本篇是〈厲鬼〉傳說裡最圓滿，也最發人深省的一則故事，我將它列在本章最後，作為厲鬼系列的總結。這篇故事中，不僅有抓交替的冤魂，也有鬼受封為神的事蹟，而人鬼之間真摯的情誼又是如此感人，充分展現了古人鬼神世界觀中的仁愛心理。厲鬼、神靈與人類之間的聯繫，更在本故事中一覽無遺。

鬼是人們內心陰影投射至外界的產物，是焦慮與恐懼的綜合體。那麼神呢？神常代表著人類的理性與秩序面，祂們是光潔的，而在宗教畫裡很清楚地表達了這一點。耶穌與十二門徒、佛祖與諸菩薩，不論中西，其頭頂背後黃金色的光圈即代表著畫中人物的神性特徵。然而理性與秩序並非神的唯一象徵，神靈同時也明示著完整性，用深度心理學的角度來看，祂們是人類在表達內在自性時最好的象徵。易言之，完整包含了遠比理性與秩序更大的面向。如果理性與秩序是光，完整就包含了影。這裡我們出現了困難，如果神靈象徵著完整，難道祂們也有黑暗面嗎？

在異婚傳說裡我們曾經探討過這個問題，〈柳毅〉裡的錢塘君就是神靈的黑暗面，祂一發怒就傷害了六十萬無辜的生靈，毀壞了方圓八百里的莊稼。〈蛙神〉中的老蛙神為了替女兒出氣，一把火燒了女婿的家。但完整所包含的黑暗面指的還不只如此，當中更有黑能轉白，惡能轉善的意涵。蔣子文與關羽的成神就暗示了此點。如果不具備「轉化」的要素，完整就是一灘死水，彷佛一張缺乏動力的平面圖。相反地，完整必須被我們假想成一個內在正不停流變的球體，完整即過程，它永遠處於動態的發展之中，而王六郎故事把它講得最清楚。

漁夫與酒的象徵

一位姓許的漁夫，故事裡沒有提到他的名字。每天夜裡都帶著酒到河裡打魚，打完魚後就悠閒地喝著酒，順道拿著酒慷慨奠祭溺死在河中的冤魂。奇怪的是，他的收穫總是比他人好。許某是一位奇特的人吧！河水象徵著潛意識，魚則象徵著隱身在潛意識裡的內容，捕魚這項職業因此象徵著人們與內在潛意識的工作。很有趣的是，傳說特別指出，許某的工作時間是晚上。易言之，這是一個早早走上個體化之路的成年男子，與〈畫皮〉中輕忽陰影工作的王生截然不同，許某一直以來都很重視與個人內在黑暗面的互動。每回工作完後，他就拿出帶來的水酒奠祭冤魂，酒是祭品，也是古代祭司與薩滿用以通靈的媒介。

鐵器時代的歐洲與不列顛都有一個長期存在的習慣，那就是將食器和酒器與菁英階級的亡者一起下葬，這不僅是為了給亡者使用，同時也是方便亡者在另一個世界舉辦酒會。陪葬品中可發現大量且精緻的酒器，從酒杯、酒瓶到濾酒器，樣樣不缺。很顯然地，酒可能被視為通向另個世界的媒介，而宴飲則是通過的儀式之一。除了上述凱爾特文化的考古發現外，柏拉圖的《會飲篇》雖然是一篇討論愛的經典，但其背景就是貴族的酒宴，眾人在酒會裡輕鬆地討論重要的人生議題，這是流行於古希臘羅馬的文化習慣。中國古代對酒器的重視更是一絕，光從中文字裡的杯、斝（讀音為「假」）、爵、尊、鑒、卮（讀音為「知」）、瓮（讀音為「甕」）、角、壺就可知其型式非常多變，飲酒的儀式與步驟亦十分繁複，顯見古人對飲酒一事的重視。考古中出土的商代器具中，也以酒器佔了最大宗，樂器、食器、水器的數量都遠遠不如。商代亦是中國王朝中最重視祭祀的朝代，酒器的大量出土絕非偶然。

與陰影和解：和冤魂把酒言歡的許某

許某的祭奠因此不是別的，是他嘗試與陰影取得良好聯繫的努力。祭奠代表他尊重內在的黑暗，「河中的溺死鬼，請一起喝一杯吧！」他既不強迫地想要洞悉一切，又不因為害怕而與鬼魂保持距離，這才迎來了陰影的現身。某天夜裡，一位少年在他附近徘徊，許某大膽地邀請了他，少年也愛喝酒，兩人因此喝得很盡興。三更時分許某下網捕魚，這次卻沒什麼收穫。那少年請他再下網一次，網中竟是滿滿的大魚。這才知道，少年姓王，沒有字，只喚為六郎。我們從後文中知道，六郎是因貪杯而溺死的冤魂，和許某一樣都偏好杯中物，他便是許某的陰影。

遇見陰影並非難事，但本篇的主角許某卻更進一步，他不僅與陰影面對面，甚且暢談共飲。能有如此機遇絕非出於幸運，而是他長久以來在個體化路上的努力。個體化的工作從面對自身的黑暗開始，相當程度上，也至面對自身的黑暗結束。因此當六郎的身分揭露之後，幾乎就可斷定這是一則以個體化觀點來說相當了不起的故事。

冤魂便是厲鬼的前身，其身分皆是橫死（如蔣子文意外遭山賊擊殺、林投姐被生活所逼而自戕，或本篇的王六郎）、暴死、冤死（如陳守娘遭婆婆小姑虐死）或死於兵災者（如關羽）的冤魂，如果亡者死後的屍體未得到妥善安置，或者他的人格沒得到足夠的尊敬，他將進一步化成厲鬼擾亂地方百姓。而六郎便處於這樣的轉折處。他與許某相識半年後，有一天突然向對方表白，自己是一個溺死鬼，不是人。許某雖然有些害怕，但想起兩人間的情誼，也就釋懷了。面對黑暗而不退卻，無論是在現實生活中，還是在傳說裡都非常罕見。冥戀故事中的王鼎雖然也有這種本事，但別忘了，他遇見的是主動與自己溫存的美麗女鬼伍秋月。而許某碰上的，卻是要取人命的溺死鬼。

從憤懣到慈悲：打破定數的六郎

這裡出現了古人的傳統宇宙觀：平衡。死者如要轉生，就得有一位生者來替代。我們曾經在〈牡丹亭〉中分析過世上最古老的神話《伊南娜入冥》，當女神伊南娜好不容易復活想離開冥府時，冥府判官卻告訴她，如果要離開陰間，就得從陽間找一個人替她而死才行。女神後來選定的對象是她的丈夫農神杜牧齊，杜牧齊雖然百般逃避，仍舊躲不過死神。後來他的姐姐不忍弟弟悲傷，答應與他輪流入冥府，這樣子農神每年就能有一半的時間回到人間，這便是季節的由來。易言之，人間與冥府必須處於平衡狀態。這是為什麼在希臘神話《伊底帕斯王》的第三部中，國王克瑞翁禁止敵人屍體下葬一事會遭到先知泰瑞夏斯的嚴厲警告，因為屍體屬於陰間，必須入土，強行扣留在人間會遭到冥王的報復。

為了能夠轉生，六郎必須實踐一死代一生的原則。隔天，一位帶著嬰兒的婦女接近了河邊，孰料竟然失足。她奮力將孩子拋向岸上活命，自己則掙扎著逃生，她幾次浮出水面又沉了下去。許某不忍，幾次想出手幫忙，卻又怕害了六郎，因此狠下了心當個旁觀者。結果那女子突然從水底下升了起來，緩緩地回到了岸上。休息過後，帶著孩子離開了河邊，六郎放棄了這次機會。換句話說，在冤魂可能轉成厲鬼的關鍵時刻，六郎從利己轉為利他，由失足而死的憤懣轉成了不忍他人苦的慈悲。

六郎大可以將個人因故橫死的怨恨發洩在無辜的陌生人身上，但他沒有。他選擇打破了定數，違背了命運，若照西方的神話結構來看，六郎將會有悲慘的結果。希臘神話中的伊底帕斯與其父母都試著想要打破命運的詛咒，結果是以悲劇收場。男主角不僅沒有逃開命運，反而在逃開的過程中迎向了命運。但六郎傳說卻極為不同，他違逆命運的結果是迎來了封神的殊榮。

業力與自由：愛扭轉了命運

當天晚上，許某問六郎白天發生了什麼事？原來是六郎不捨孩子沒有母親，甚至為他一人要殘害兩條性命，因此決定從水面下托那婦人浮上水面。命運要讓婦人死在此地，但六郎卻違背了它。看來命運與自由只有一線間，而且往往只在一念之間。這則傳說之所以深刻就在此處。定數難道是可以違背的嗎？亦或者我們的選擇同樣是更廣大的命運的一部分？古人雖未明言自由二字，卻深深地在故事裡肯定了它。此處我們看見的不是智覬大師的渡化，一種來自外力的教導與點化，而是來自個人的選擇與悲憫。愛扭轉了婦人與那孩子的人生，也將在不久後改變六郎的命運。

這一切，在中國的傳說系統裡，被稱為「果報」。果報與業力（karma）觀念息息相關，業力的最直接定義就是「行為」。在這樣的觀念裡，行為是因，命運是果。我們在每一世的所有大小行為乃至念頭共同結成了命運繁複的網，這些行為所撒下的種子（也就是業力）將在未來的某一刻因緣成熟時發芽、成形。因此人既是受過去世的行為與念頭所限，同時又是自由的，因為我們此刻仍可以選擇將要種下的因。這一切都讓東方人的因果觀與西方人的命運觀產生了根本上的差異。

邪轉聖的關卡：選擇黑暗或選擇良善

回到本章的厲鬼主旨，六郎顯然否定了使自己成為厲鬼的路徑，為自己創造了新的命運。數天後，他告訴許某，天帝受他感動，決定敕封他為鄔鎮的土地神。如果我們視六郎為陰影，那麼在一切之上的天帝就是自性，祂以自身的最高權威褪去了陰影的黑暗本質，將他拔擢成神。不僅是黑暗孕育了光明之種，它更指出了邪惡要如何轉化為神聖的關鍵。那就是即使身處不幸，人也要去理解黑暗，並心存光明。六郎雖陷於黑暗之中，但在做出抉擇的那一刻，他卻選擇了良善。如果六郎是許某的陰影，這就意味著許某在長年的精進之下，已經迎來了最後的關卡，他必須選擇成為黑暗的一部分，或者選擇良善。

婦人象徵著承載和孕育新生命的容器，而留在岸上的嬰兒則象徵著新生的自我，如果許某選擇成為黑暗，作為他的陰影，六郎就會以婦人為交替，從而使許某新生的自我死去。人若打破了孕育生命的容器，裡頭的內容物自然無法存活。如果許某長期在黑暗行走，卻仍舊能以光明為依託，那麼作為新生自我與生命意義的嬰兒就會活下來。這是個體化之路的決定性事件。最終他通過了試煉，因此嬰兒將會活下去，他的人格會獲得更新，陰影也將取得新的面貌發揮他的正面作用。陰影的正面作用是什麼？就是心靈的豐饒，這正是故事裡土地神的象徵。

東方的親民神祇：土地公的象徵

土地神的起源非常古老，又稱為「社神」，「社」這個字，從「示」從「土」，該字本身就是土地神的意思。有別於最高神的「上帝」，社神是自然神中最重要的，社和祖先是商人崇拜的兩大對象。祖先是男性，社有時則被視為女性，與陰性相連。在一般人的觀念裡，土地神掌管死者的戶籍，負責帶領死者前去面見城隍，因此稱祂為死者的引路神（psychopomp）也無不可。易言之，土地神是地祇，祂屬於大地，而非住在天宮的天神，因此仍舊是黑暗的一部分。但人們對這樣的黑暗卻不懼怕，反而覺得特別容易親近。因為土地公同時象徵著黑暗的豐饒與保護性面向，與原先象徵著死亡與災禍的厲鬼恰好處於對立面。

中和著名的烘爐地南山福德宮拜的就是土地神，每年的初一早上都會發送「發財金」，讓信徒借回家作為「錢母」，以求得一本萬利。這個信仰就清楚體現了黑暗／土地／豐饒等意象之間的連結。土地神又肩負著保佑鄉里的責任，神話裡的孫悟空在保護唐僧上西天的途中，若是遇到不知名的妖怪時就會請出當地的土地公與山神來獲取資訊。因此可以看出土地神有著強烈的地域性，而地域就代表限制，限制與保護往往是一體的兩面。

冤魂成神也再現著異婚傳說的靈性階梯。眾生皆有靈性，因此眾生皆可成佛。這與基督教觀念裡的上帝又截然不同。在基督教的觀念裡，上帝與人類有著不可逾越的鴻溝，人的身上雖然有著神性的碎片，但人終究不會成神。

孤身上路：漫遊與最後的考驗

受到敕封的六郎邀請許某前去位於招遠的鄔鎮，許某回家跟妻子討論後，妻子卻認為招遠離此處數百里，是否真有鄔鎮難以確認。就算有鄔鎮，難道世上真有什麼土地神嗎？這又是一個傳說裡常見的漫遊母題。而我們知道，主角們正是要踏上這樣的旅程，才能完成這最後且必要的考驗。

北歐史詩裡的英雄們總是在遭遇痛苦後四處流浪，開啟他們偉大的冒險。屠龍者拉格納在妻子去世後，率領船隊離開了王國；強者斯塔爾卡德則因奧丁的緣故殺死好友威卡爾國王而遭到放逐，他們各自開創了自己褒貶不一的命運。前面曾提過的日本惡神建速須佐之男命也是在被趕出天界後，才終於在人間找到了自己的歸宿，尋得個人的認同。他們或者因為個人的過錯，或者因為不可阻擋的命運而前往未知之地，而本故事中的許某則是因為鬼魂六郎希望他能前去拜訪在遠方成神的自己。同樣扮演著內在的女性直覺，前述〈畫皮〉故事中的妻子很正確地提醒丈夫擔心禍患，甚至為他求來了新的心。此處妻子的擔憂卻成為了許某進一步走向整合的阻礙。當中的差別正在於當事人個體化程度的高別。太原王生的課題是學會信任內心的直覺，並與阿尼瑪保持謹慎的關係。而許某的課題則在信任黑暗的邀請，進而與自性相遇。

結局重於過程：東方傳說的個體化描繪

終於，許某下了決定，說什麼他也要前往招遠，尋訪那在六郎口中被稱為鄔鎮的地方。最後，許某終於問到了所在地，並順利來到了鄔鎮的客店。傳說在這裡輕描淡寫，似是有意不去提這路上的艱辛、意外與挫折。若在西方的故事裡，旅途中的一切都會成為被強調的重點。我曾在《故事裡的心理學》上冊分享過日本的《浦島太郎》傳說，浦島太郎自龍宮返回後，未能遵守與乙姬公主的約定，自行打開了送給他的錦盒，僅一瞬間，浦島太郎就從年輕人變成了一個老頭。

那則傳說裡的瞬間與本故事的輕描淡寫如出一轍，一方面明指著個體化之路每人的遭遇不盡相同，因此細節不必盡述；一方面是將重點放在許某這趟旅程的結果，目的是給故事的聽眾與讀者信心，使我們明白路程上最重要的是勇氣，只要時時保持正確的信念，必然會走到終點。相信你一定聽過這故事：「蜀之鄙有二僧，其一貧，其一富。」這兩個僧侶都立下了宏願，想往南海參拜觀世音菩薩。從四川到浙江，相距不只千里，貧窮僧侶卻憑藉著意志力與勇氣回覆有錢僧侶的質疑：「吾一瓶一缽，足矣！」貧窮僧侶沿路托缽化緣，兩年後順利地參訪回鄉，此時有錢僧侶還沒上路呢！古人在談這則故事時，同樣省去了貧窮僧侶的路上經歷，直接訴諸目標的完成。比起對過程遭遇的描繪，東方人或許更重視結局所能達到的境界。（關於此故事，讀者還可將之與托爾斯泰的故事〈兩個老人〉相比較。）

早熟少年的苦痛

許多年輕學生早早就走上了探索自我的道路。他們一直表現得很傑出，卻在某個時刻突然覺得「一切都很虛偽」。作業是虛偽的、考試是虛偽的、學校是虛偽的，為了應付學校要求而努力的自己也是虛偽的。他們對存在性的認知開啟得相當早，這一點既是幸也是不幸。存在性的認知能力被視為是人類最晚成熟的認知能力，相較於音樂與數理能力可以在我們還很年輕時就展現出天賦，存在性的認知能力卻可能要遲至中年之後才會漸漸顯露，過早顯露的青少年往往背負著較同儕更深更大的痛苦。若能照榮格所設想的那樣，前半生為了物質與家庭而努力，後半生才轉身向內面對黑暗自然是很理想，但現實狀況絕非如此。

每每遇到這樣的學生，我都會語重心長地告訴他們，他們所思索的一切，不論是意義、死亡，還是其他的什麼，都將要用至少二十年的時間才能得到解答。他人的解答不會是他們的解答，他們得自己經歷過路上的一切。看著他們似懂非懂的樣子，作為輔導教師的自己，或許只有實際經歷過自己的路才能支持他們。我堅信一定會走到什麼地方，不管這路上發生什麼，事實上，我們也無從得知到底會發生什麼。但因為自己曾經走過那樣的路，所以才能肯定，一定會走到什麼地方，得到專屬於自己生命的解答。這一切就跟許某所遭遇的一樣，過程不見得是最重要的，重要的是我們相信會在結局見到什麼，又在這一趟旅程中留下什麼。

心理學淑世計畫

許某終於來到了鄔鎮的客店，他才剛開口向店主人詢問土地廟的位置，店主人隨即回問他是否姓許？來自淄川？原來數日前，土地神就已托夢眾人，將有許姓故友從淄川來訪。這段劇情說的不是別的，正是許某在個體化路上歷經長久的努力之後終於回家了。這個「家」是他的內心之家。他在這裡，在鄔鎮，人人都認識他，而且期待著他的到來，彷彿他自幼就在這裡成長似的。我們內在的自性早早認識了自我，但我們意識中的自我卻不認識它。我們認為心靈不過是大腦生化現象的附屬產物，除去肉眼可見的現實，一切都虛妄不存在。

正是這樣的態度人才在有限的生命裡迷航了。現實永遠有效，深度心理學與存在心理學都同意這一點。但現實並非唯一，它可以經由詮釋而改變，會因為我們面對它的態度而有所不同。我很遺憾有太多人不明白，以致於我們必須要反覆強調這個簡單的事實。我們每一刻都面臨選擇，因此每一刻也都擁有自由。當然，我們不用分分秒秒去覺知這件事，但也不能從頭徹尾不去體會這件事。人生很短，不過數十寒暑；但也很長，轉念之間即能穿越萬古心靈。人就活在這樣的相對性裡，因此現實不是絕對的。如果政治與科學能夠改變世界，那很好，但深度心理學謀求改變自己。若人人都在某種程度上自我改善，整體社會也會得到改善。說來有點害臊，但這就是我的心理學淑世計畫。

重返黑暗之國：迷途自我的歸鄉

許某來到的地方是招遠的鄔鎮，「招遠」意為招來遠方的人，其心理學含意不言自明，指的是在現實世界裡執迷不悟的自我。「鄔」這個字在中文裡是個地名與姓氏，沒有額外的意義，但作為鄔的重要組成，「烏」這個字所指的就是黑暗。另承蒙粉專讀者陳建霖先生的提醒，該字右邊的部首稱為「邑」，指的是城邦。易言之，「鄔」就是黑暗之國。在暗夜河畔結識的冤魂，最後在天帝的敕封下，成為了黑暗之國掌管豐饒與死亡的土地神，而許某最終走過了長長的旅程，回到了企盼他返還的家鄉。還有什麼比這更美的故事？

六郎拒絕作祟，他不願為了小我而化作傷害無辜之人的厲鬼，而日復一日面對並陪伴內在陰影的許某，他鼓足了勇氣找到鬼魂口中那個遠方的鄔鎮，在這裡他遇見了已成為守護者的黑暗神靈。夜裡他夢見六郎，衣冠楚楚，已非昔日可比。兄弟兩人相互憐惜、感嘆，村人代替六郎招待了許某數日，許某決定回鄉。他知道六郎心存仁愛，必能造福一方。回鄉之後，他的生活日漸寬裕，但仍時時帶著酒到河邊緬懷六郎，遇到招遠來的人他必然相問土地神的事蹟，他們都說土地公非常靈驗。

抵達深度，嘉惠旁人

土地神在此處是自性的另一個象徵，而自我與自性相逢的那一刻，便是深度終於帶來療癒的那一刻。我們要療癒的不是別的，正是因分裂帶來的痛苦。有我有你，有我有他，有同意與不同意，有貧富貴賤，有幸與不幸。比較是一切不幸的根源，這一點，行為主義者倒是看得很清楚，但齊頭式的平等不會帶來療癒，立足點的平等又因為各種因素而很難完全達成。因此人總是在關係裡，在各種比較中受苦。

許某來到郞鎮夢見六郎的那一晚，療癒就出現了。弭平了人、鬼、神的差別與分裂，明白了自我從屬於更大的天地之間，這一切不會使人感到卑微，而是讓人變得謙和。我原先在意的原來並不那麼重要，因為我與它在極深處都是平等的，重要的是抵達深度，而不完全是追求現實生活裡的高度。

變得有名、變得富裕都很吸引人，但這都沒有抵達深度來得究竟。它讓我們明白自己是誰，明白人生旅程的最重要任務，明白我對周遭的人有責任，明白愛可以穿透分裂，達致整合。這是為何許某在郞鎮住了數天後就決定返家，返回他在現實中的家園。我們屢次提過，現實才具有力量，如同宏偉的神廟並非出於神明之手，而是萬千努力費心的信眾。不能歸返現實嘉惠旁人的個體化不能算是來到了終點，佛家云「悲智雙修」也是此理。從來沒有脫離關係、避世獨居的證悟者，他們還在「證」的過程裡，離「悟」依舊有距離。

哪怕不再有六郎為他在下游趕魚，許某也慢慢變得富裕，富裕正是他心靈充實的證明。他繼續拿著酒在河邊緬懷六郎，意味著他繼續禮敬內在的黑暗。個體化本是來回往復的，不會一朝開悟，就永保順遂。正相反，開悟的體會僅存於當下的那一刻，而後我們的心靈又會返回現實，繼續為現實的各種瑣事煩惱擔憂，只有持續精進，人才能迎來下一刻。從招遠來的旅人總是對許某說，土地公十分靈驗。這代表許某與內心的神聖從未斷絕訊息，自我與自性之間從此一直保持良好的接觸。

理解黑暗，心存光明

這是一則描述個體化的傳說。由於長年禮敬並理解黑暗，許某內心的冤魂並未成為厲鬼，在考驗到來的那一刻，他選擇了認同光明，因此冤魂成為了神靈。婦人在被六郎托上岸的同時，六郎就與自己和解了。這個拒絕成為厲鬼的冤魂不再將自己犯下的錯歸責於他人，這是人格變得成熟的表徵。也因為如此，六郎與世界和解了。於是傳說另闢蹊徑，為人在面對那不可解的黑暗提供了全新的道路。我們現在明白，厲鬼可以轉成神靈，只要人願持續且謹慎地理解死亡，並與黑暗為伍；只要人在遇到考驗時都能心存光明，人就能得到指引。

但得到指引並不代表來到終點，人還得相信那內心的指引啟程上路，去到百里外的陌生之地尋訪不知是否真實存在的小鎮。這尋訪的過程不再重要了，重點是我們聽見了指引，而且「相信」那指引。因此傳說省去了尋訪的艱辛，因為已經接受自身命運的旅人不會再自我懷疑，長年禮敬及陪伴黑暗的結果早已為他構築了足夠的自信。抵達深度的那一刻，你會發現自己被旁人所歡迎、期待，彷彿他們迎接的是離鄉多年的遊子。然後你會遇見內心的神聖，接著離開，返程回家。外人看似什麼都沒有改變，但你的心靈卻從此充足了起來。你繼續禮敬黑暗，三不五時會收到遠方小鎮來的訊息，訊息告訴你，土地神有求必應，十分靈驗。你與神的關係就此確立，從而成為了完整的一部分。

結語

厲鬼既可被視為我們亟欲躲閃的內心情結，也可象徵陰影中那些非個人性的內容。由於後者的緣故，要想消化它幾乎是不可能的。因此古人才為冤魂厲鬼立祠安放，目的是圖個互不侵擾，以便人們能安心地處在既有的生活裡。中國人的集體心靈用了千年以上的時間才分別消化了蔣子文與關羽所象徵的黑暗，將他們轉為神聖的信仰，而臺人傳說中的林投姐和陳守娘還在醞釀、等待當中。林投姐被黑暗吞噬了，從而也吞噬了有負於她的對象；陳守娘不僅大鬧府衙，更與神明接連鬥法，陰影原型就是這麼具有威脅性的存在，而被暴力或意外所阻斷的生命則需要陰性心靈的恆久包容。

〈畫皮〉中的王生因為輕忽了陰影工作而失去性命，幸而藉由內在的女性面重獲生機。〈王六郎〉裡的許某則是個體化路上的成功範例，他禮敬黑暗，結交陰影，從而以愛代替仇怨，扛起了自身處境的責任，他內心的冤魂因此得以封神。厲鬼傳說告訴我們，如果有什麼能夠穿越自無明以來的黑暗，或許正是對他人苦難的不忍與關愛。恐懼分離了彼此，但關愛卻聯繫了我們。厲鬼雖然可怕，但它卻常是轉化為神靈的預備，看似矛盾對立的事物往往如此。

陸：妖怪

什麼是妖？《說文解字》裡頭說「地反物為妖」。這麼簡短一句話，意思實在很難懂，幸而《左傳》曾提及，「天反時為災。地反物為妖。民反德為亂。亂則妖災生」。易言之，妖的存在是反、亂後造成的結果，是大地的異常表現。《搜神記》裡則有一篇名為〈論妖怪〉的短文，它裡頭說「妖怪者，蓋精氣之依物者也。氣亂於中，物變於外。形神氣質，表裡之用也。本於五行，通於五事。雖消息升降，化動萬端，期於休咎之徵，皆可得域而論矣！」

前半段的意思是，妖怪是精氣化成的。精氣在物體內部錯亂了，物體就會在形體上產生變化。讀者可於此處注意，「亂」這個字在此又出現了一次。接著後文的意思是，形體與精神、元氣與本質互為表裡，而它們的本源為金、木、水、火、土等五行，和容貌、言語、視力、聽力、思考等五件事相通。雖然其成長、死亡、上升與下降變化萬端，但吉凶禍福仍然可在一定的範圍內論定。也就是說，當妖怪出現時，代表精氣的本質有所混亂，雖如此，它們仍舊是五行的產物，所以能夠論斷其大致的吉凶。很明顯地，妖怪的現身被古人視為一種徵兆，象徵著天地之內出現了不平衡的局面。因此「妖」是一種異常現象，我們之所以會習慣將「妖」與「怪」連稱，或許正是為了用「怪」來說明「妖」的基本特質。

怪異的、反常的事物就是妖。這本是令古人疑惑甚至畏懼的事物，但當代的動漫卻大量地把妖怪作為故事裡的重要背景。與此相反，史料中對妖怪傳說的記載卻很簡短、破碎，能夠成篇的故事並不多。我簡單予以整理，將牠們大致分成三類。首先，妖怪可以由某個古老的人造物轉化而來，中國稱「物久成精」，日本則稱為「付喪神」或「九十九神」。其次，妖怪是自然界少見的特殊物種或某種自然現象。第三，妖怪是由動植物轉變或修練而成，可能殘害人類，也可能與人類親近。

而從心理學來說，妖怪不同的來源與種類看似對應著我們不同的心理機制，但其根源則一。牠們是我們對未知的自然界、人類的創造物，或對動植物所持有的恐懼與想像。這樣的心情裡有時夾雜著崇敬，一如我們在厲鬼傳說裡見到的那樣。不同的是，厲鬼的前身是人，我們對冤魂的懼怕存在著明顯的死亡焦慮意涵，妖怪則否。牠們種類繁多，千奇百怪，究其原因乃是古人將自身與萬物視為整體的一部分，因此情感不分對象地被投射在外界。方其時也，萬物既是他者，也是自身。那是一個個人與外界還未明顯區分的時代，當我們內心的黑暗投射在什麼事物上時，它就成為什麼種類的妖怪。

妖怪故事的碎片化說明了人類心靈的多樣化。各種千奇百怪的物件都可以是妖怪，從紀錄來看，風吹沙是妖怪、臺灣海峽是妖怪、飯匙是妖怪、樹木是妖怪、棉布是妖怪，就連人人喜愛的黃金白銀或文人雅士珍視的菊花也可以是妖怪。這個無物不妖的現象肇因於人類的投射是極其任意隨性的，我們總是自由地喜愛和害怕任何事物。

然而當時的人類並不因此生活在令人恐懼的世界，因為妖既然是因為亂與反而生，自然也可以恢復。平反內心的妖怪就是走向個體化的開端，這也是為什麼我將妖怪系列放在最後一章。因為在聽過那麼多的傳說故事後，我們現在需要做的是啟程上路，直面我們人生路上的妖怪。

一、飯臿怪・龍磒・細腰

故事大綱

（1）飯臿怪（中國・《搜神記》）

魏明帝的時候，王臣的家裡出現了怪事，家中無緣無故就會聽見拍手和互相招呼的聲音，想去察看的時候又什麼也看不見。某一天，他的母親忙了一整天很累了，晚上正要上床休息。沒多久就聽到竈臺下有聲音喊著：「文約，怎麼還不過來？」頭下的枕頭回答：「我現在被壓住了，沒辦法過去，不如你過來找我喝酒吧！」等到天亮時一看，原來是飯臿（一種扒鬆米飯用的器具）！於是王臣立刻將它們聚在一起用火燒掉，從此怪事就絕跡了。

故事解析

上面提過，物久成精是中國的傳統觀念，古代日本人也相信家中器物若是放置不理，存放達到百年後就會變成妖怪，因此將其稱為「九十九神」，所以物品在達到年限之前，就應予以焚燬，回歸天地之間。

在鳥山石燕（一七一二—一七八八）的《百器徒然袋》裡就記載了角盥漱、白容裔、雲外鏡及蹬口這樣的妖怪，分別是由洗臉盆、破布條、鏡子和馬蹬等器物所變成的妖怪。但日本人在記錄這些「百鬼」時只留下了簡單的描述，沒有完整的情節可言。本篇描述的飯臿怪可說是這類妖怪紀錄中最古老也最完整的文獻，因此值得我們留意。

王臣的家裡出現了怪聲音，但真的想去尋找的時候卻什麼也聽不到了。有一次，他的母親累了一天後上床休息，隱約中聽見了竈臺下竟有聲音在招呼自己的枕頭。兩個聲音就這樣聊了起來，天亮之後一看，在竈臺底下的竟然是一個飯臿。

怪聲音與器物妖的象徵

這描述雖然簡短，卻很清楚地指出了意識與潛意識的對立關係。所謂的「怪聲音」，從心理學角度來看，指的是內心的直覺或某種急切必須滿足的願望。而它往往是用象徵的方式來表達的。我們曾經談過當事人內心的「自殺」命令，他要求自己必須「割斷某個人的脖子」，這被我們解釋為當事人必須放棄幼稚的自我或太過「理性」的生活方式。當我們的潛意識必須用聲音的型式來和我們溝通時，往往代表著我們生活態度已經到了非得修正的時刻。

很有趣的是，這些以器物為主的妖怪，往往都是家中長年不再使用的物品。房屋在深度心理學裡代表著身體與人格，這在圖畫分析時是很基本的概念。在房樹人測驗裡，治療師會要求當事人依序畫出房屋、樹與一個人，房屋就象徵著家、身體或整體人格等概念。根據房屋的形狀、在畫面中偏左或偏右、窗戶的多寡大小、裡頭是否住人又或門口是否有鑰匙孔，都可以從中得到有意義的線索。選用房屋作為沙遊治療的物件時，也象徵著歸宿、潛意識的核心等，其他物件與房屋的距離、擺放位置同樣會透露出特定的含意。

因此家中那些長年不用的物品就代表了我們不再使用或早已遺棄的心理功能或本能。當這些被我們視為無用的物品開始對我們說起話的時候，就是它們待在潛意識的陰影中獲取了足夠心理能量，並開始挑戰起自我的時候，提醒我們原先偏頗的生活態度以及片面化的人格到了必須調整的時機。

因為沒有本質所以人才擁有自由

換個角度來看，飯臿與枕頭本來是沒有生命的東西，純粹是為了某種目的被創造出來。目的與本質、意義等概念彼此相連，一個具有特定目的被創造出來的東西，其存在意義就是成為那個目的，而其本質也同樣如此。就舉飯臿來說吧！它是為了當一個好飯臿而被人類設計出來的，換句話說，當一個好飯臿就是它生命的目的，同時也是它之所以存在的意義。同時它的本質也被其目的所綁定了，飯臿的本質就是個飯臿，不可能是其他。人類卻不同。人無時無刻不在自由之中，只消想想你明天中午想吃什麼午餐就知道，人總是在面對各種選擇。哪怕在看似毫無選擇的情境裡，我們仍然可以選擇用什麼態度來面對絕望。

易言之，人是自由的。因為是自由的，就不可能有什麼特定的目的非得達成不可。因為我可以選擇這樣也可以選擇那樣的目的，從而也就使人生的意義具有多樣性。因為有本質的東西不會改變，如同飯匙的本質就是飯匙，不是籃球或其他事物，所以選擇與自由就讓人性不可能存在著「本質」。存在主義就是這樣思考著人類。

從此觀點來說，這些九十九神之所以從無生命的物體成為了有生命的妖怪，或許正是為了提醒我們，我們的生命已經變得愈來愈僵化，愈來愈像這些沒有生命的東西，不再具備其他可能性，因此人們才開始能夠聽見它們說話。易言之，不是物品正在變成人，而是人正在變成某種物品。

總是責怪他人易使自己淪為受害者

當這些微小的聲音逐漸出現時，我們開始覺得做什麼事情都不順暢，然後我們會責怪他人、環境及責怪命運。例如路上的塞車、開會同仁的遲到、學校老師的不熱心、另一半的冷淡，或者孩子的不順從。愈是覺得他人與環境跟我作對，就愈讓人焦慮與氣憤難平，我們變得鬱鬱寡歡，把自己當成受害者，然後急著找出某種有力量的解答或者人生導師，易言之，找救世主來擺脫自己對人生的責任。這是為什麼談論方法與技術的書會大行其道，不論是投資理財、親子教養、生涯規畫還是時間管理，人們永遠迷信著簡單可行的方法。

事實上，如果人是終極的自由，永遠存在著選擇，那麼就絕不存在一勞永逸的方法。因此真實的人生是持續做選擇、持續承擔責任的人生。試著擺脫焦慮，或者把它丟給其他人來為自己處理，可能是不健康的，感到焦慮才是正常的表現。

當王臣與他的家人想找出是誰在說話時，那聲音就不見了。也就是說，我們的意識很容易阻斷內心的聲音，人只能靜心等待它，卻不能刻意讓它出現。王臣之母在勞累後上床休息的那一天晚上，終於清楚聽見了妖怪們的對話。我們要注意對話出現的時刻，因為那是妖怪終於現身的時刻，那不在白天，不在意識自我仍然旺盛有力的時候，而是在夜晚，我們的自我與意識由於疲憊已在那時降低了防衛，因此潛意識的聲音終於變得清晰。那是枕頭在說話。換句話說，那是在床上進行的對話，那是一場夢。

夢的詮釋當以個體化為核心

關於夢中的對話與情節內容要怎麼詮釋才算對呢？這樣的疑問是很常見的。但依我的觀點來說，絕對不存在所謂「對」或「不對」，相反地，真正存在著的是「較好」與「較不好」的詮釋。解夢是主觀的，可能指向過去，可能指向未來；可能指向問題，也可能指向解答。而一個比較好的詮釋，我認為是要貼著個體化而發的。

我所敬重的日本心理學家河合隼雄曾經談過自己的夢，他回憶自己在從京都大學退休前做了一個夢，夢見自己又變成了高中老師，和一位當年的同仁一起聊著天。內容我不打算詳談，我只談談他怎麼解釋這個夢。他相信，這個夢是潛意識要告訴他，自學者身分退休後，他的生命任務應當要放在努力地以直白的方式向民眾溝通艱深的心理學知識，就如他曾擔任高中老師時的那樣。那時他的對象不是研究者與大學生，而是年輕人，一群對心理學更加陌生的人。這個夢鼓勵著他寫出一篇又一篇推廣心理學的文章，直到他去世。我相信這樣的詮釋就是一個好的詮釋，因為他為當事人指出了路，鼓舞著退休後的河合隼雄找到新的人生目標。

雖然矢志推廣深度心理學，但我對於自己是否適合在第一線與讀者面對面一直很猶豫，在出版第一本書後不久，正為了是否應允出版社所規畫的新書發表會而拿不定主意的那段期間，我夢見了榮格。

榮格之夢

夢裡的他和幾個哲學家老友在聊天，我是座上賓，在場的還有他的兩個女學生。我們在討論團體的「氣結」問題，一個很奇怪的名詞，在夢裡，它指的是個人在團體中表現的「抗拒」。印象中榮格讚許了我的詮釋，而後我們要一起去探望他某個老友。他的哲學家朋友們走得快，他走得慢，而且榮格在路上竟然尿褲子了！他的朋友們挖苦著榮格，但榮格卻指著屋頂的尖端說：「如果你們總是盯著那裡，就只會找到神聖。」他的意思是，我們要試著看見房屋的全貌，特別是它的地基，不能只望著高處。然後我們來到了墳墓堆，那裡相當整齊，我們在那裡很認真地又討論了什麼，但已不復記憶……

醒來後，我很清楚除了我自己以外，榮格的那幾個「哲學家」朋友是我在夢中的另一個身分，因為我的筆名叫「愛智者」（philosopher），是哲學家的同義詞。榮格對哲學家們說的話，就是對著我說的。夢是要告訴我別望得太高太遠，多注意眼前的，或腳底下的東西。易言之，夢的意思是想叫我把深度心理學帶進人群裡，不能只以寫文章為滿足。此外，尿失禁或許也在提醒我要試著解決深度心理學太過「高大上」的毛病，多低下頭來讓它和現實產生聯繫，以解決人們現實中的痛苦。很明顯地，我這些詮釋還遺漏許多東西，我大學時在中道佛學社認識的學長心選，他在聽完我的夢境後進一步分享了一段自己的觀點。

「氣結」的蘊意，是融通了中醫氣的理論，若把一個團體視為一個人，一個人體內的氣血暢通，可象徵出團體動力的流暢。當氣流通不順利，那個組織就會變得僵硬、缺乏彈性，有時會用氣結來描述。若以擬人的描述來說，這個組織正在抗議，透過產生病癥期待被發現。這是非常中國式的隱喻，夢可能暗示中國哲學正在向你召喚。

榮格的尿失禁意味著排泄的壓抑全然釋放，弄髒了文明社會的華美外衣，因此被下士所嘲笑。《道德經》裡說「上士聞道，勤而行之；中士聞道，若存若亡；下士聞道，大笑之，不笑不足以為道」。從生物學的立場來看，屎與尿是不同的，屎是消化不了所以排除的殘渣，從未進入血液或細胞，原本就是過客；但尿液中的代謝廢物，是從原本的小分子養分進入細胞後，產生生物化學能而產生的有毒代謝廢物，是完整經歷人體代謝歷程的物質化產物。野生動物是不會憋尿的，嬰兒也是。

榮格的尿失禁，雖有老化的意義，但可能也有返老還童的心理意涵。所以榮格才說，我們若只盯著塔尖，只會盲目崇拜無法企及的神聖，就會忘失一些更重要的事。夢境中說要去探望老友，從走到墳墓堆來看，他猜想榮格是去找蓮花生大士，因為他是一位在墳墓堆中修行而得到證悟的西藏大師。

簡單三段話，已經為這個夢，甚至我未來幾年的人生指出了方向，我重新組合了這個詮釋後得到了嶄新的理解。第一，中國哲學將重新被我所關注。第二，請持續抱持初衷，不要因為出書而自滿，這是尿失禁與返老還童的意思。當然，也意味著我需要培養合適的人格面具來應付人生的新任務。最後，我想起自己還有一篇還未完成的《西藏度亡經》分析需要努力。夢藉由墳墓堆告訴我，必須回頭繼續處理死亡的議題，以便進一步完成我對個體化的研究。這些解釋是對的嗎？不見得。但卻為我帶來了極具啟發的作用，而所謂的好詮釋就是以個體化為核心，促進當事人更加整合，並使夢的意義變得更具未來性的詮釋。

枕頭與飯臿的兩極對話

回到故事裡頭繼續談，王臣之母的枕頭對竈臺下不知名的聲音說牠自己被壓著了，沒辦法過去，請對方過來這裡喝酒。天亮之後，原來竈臺下的是一枝飯臿。天亮後王臣一家將枕頭與飯臿給燒了，從此清寧。

如果這是王臣之母的夢境，那麼這個夢究竟說了什麼？何以將之燒毀後，家中就從此清寧了呢？枕頭象徵著總是不肯罷手的「理智」與世俗生活中的煩惱，它是我們大腦的延伸。當我們感到壓力時，常常會覺得睡不好，而枕頭就成為了我們首要的怪罪對象。它太扁了、太軟或太硬了，翻來覆去怎樣都找不到好的角度。我自己就常有這樣的經驗。如果那幾天心中沒有擔憂的事，前一天讓我困擾的枕頭就突然變得再舒服不過，一下子就沉沉地睡去，根本感受不到它有什麼異狀。

飯臿則是盛飯、鬆飯的工具，象徵著我們進食的本能與慾望。當我們過度仰賴大腦來計畫和規畫我們的人生時，本能就會被我們所壓抑，被我們視為一個純動物性的層面。作為一個高尚理性的現代人，我們總是瞧不起那個層面。雖然那是我的一部分，卻是文化所不願意承認的那部分。先是餓了不覺得餓，飽了不覺得飽，然後就躺了沒辦法睡，醒了爬不起來。我們的意識認為「自我」才是人格的核心，否認我們內在本能的地位。

因此枕頭和飯臿才在夢裡有了對話，雖然內容簡短，但卻清楚地表明了牠們兩個的感情甚篤，常常互相拜訪，相約喝酒。原來在潛意識中，這兩個被我們視為相敵對的事物其實合作無間，地位平等。這個夢的意涵說的是平衡，作為一個人，我們必須同等地尊重本能及理智的那一面。

天亮後，王臣一家人將枕頭與飯臿拿出戶外用火燒了，這是一個最常見的，用以對付九十九神這類「物妖」的方法。火會摧毀舊事物，它會在象徵層次上替當事人清理掉那些原有的封閉觀點與不合時宜的老習慣，從而使人重新獲得平衡。從此之後，屋宅中清出了多餘空間，舊的離去，新的進來，我們的身體與人格獲得了清寧，內外在便又健康起來。

（2）龍碩（臺灣・《裨海記遊》）

故事大綱

龍碩（讀音為「公」）就是大銅炮，鄭成功在廣東外海望見水中有異光，持續數天，知道裡面一定有寶貝。打撈上來後，是兩尊大炮，但一尊化成了龍飛上天空，另一尊則乖乖地被綁著不動。看起來像是古物，但外表並未斑駁損蝕，不像是沉在海底的東西。跟紅衣大砲的大小差不多，但能容納更多彈藥。

鄭成功出兵時必定帶著它，取名龍碩。這龍碩有預知功能，如果會打勝仗，那只要幾個人拉著就行，一點都不覺得重。否則，就算百人來牽牠也不肯走。康熙十八年，劉國軒率兵攻打泉州，龍碩怎麼也不肯走。硬抬牠走，點火了卻燃不起來。劉國軒很生氣，罰牠八十杖，結果才發射完一發炮彈，炮管就炸裂成粉狀，許多人都因此受傷。

故事解析

完美主義的悲劇色彩

龍磧是一個誕生於大海中的妖怪，有預知戰事勝敗的本領。傳說告訴我們，跟牠在一起的還有一個兄弟，但打撈上岸時化成了一條龍回到了天上，只有龍磧留在了人間。

海中發著光的珍寶意味著那些早已在心靈中等待著我們運用的資源，而作為銅炮的龍磧很明顯地象徵了我們可以用以競爭、拓展事業版圖、展現自我的那些潛力。然而人的潛力雖是無窮的，事實上我們能發揮出來的卻依舊有限。這是為什麼兩尊龍磧只留下了一尊的原因，從另外一個飛升成龍也足以證明上述的猜想，傳說暗示對於生命的潛能我們僅能做有限度的利用。正是因此，人們永遠會對自己的生命感到遺憾，並不自主地追求著完美，其真正的動力或許是想要窮盡和利用潛意識所蘊含的一切吧！

我們常常看見那些已經竭盡全力卻覺得還可以再努力的那種人。似乎有著接受了事物的不完美，就會讓自己變得不完美的心理。人如果與自己人格的核心相乖離，無法感知自己存在的狀態，就會把自己看成一座礦坑，傾盡全力地想把自己所有的東西挖掘出來。這是一種意識自我對潛意識心靈的侵犯，是不知疲倦者或總是疲倦的完美主義者身上常見的現象。而當代的社會卻喜歡將之美化為一群「認真生活」的人。

他們所追求的「充實」帶有一種悲劇英雄的色彩，在晤談室時，我會注意到這類當事人習慣帶著疲憊的微笑，因為此時現實生活的「充實」已經成為他們沉重的人格面具，特別是對未婚者來說壓力又更大了些，因為這似乎成為了他們必須用以說服自己和他人的枷鎖，畢竟沒有家累的他們比較容易被期待去「實現自我」，從而使生命失去了孕育美好的大片留白。回到故事來說，只留下一條龍碩或許是一件好事吧？傳說意味深長地說，某些能力只能屬於上天（龍碩飛升而去），人不應該僭越，自比為神。用當代的語言來說，就是我們要學著接受「剛剛好就好」的事實。當代最重要的兩本奇幻文學《魔戒》與《地海巫師》也都不約而同地述及了人類必須將「能力」與「權力」歸還給高於我們的事物。龍碩傳說也有相同的暗示。

只想輕鬆處事的「油條」妖怪

這妖怪的脾氣倔強得可愛，牠能預測勝敗，因此只要會打勝仗，牠就很輕鬆地能被推著走，要是眼前等牠的是敗仗，派再多人勉強牠前進都沒有用——能成功就往前，預期會有失敗就死活不肯動，這妖怪的脾氣像極了那些只願意接受簡單考驗的孩子。心理學家阿德勒常常以這樣的「壞習慣」為例，指出這類人具有一種「逃避」的生活風格，只想用輕鬆的方式來克服自卑，獲取權力或他人的讚美。我們在職場中也常可以看見行為「油條」的同事，他們只想在熟悉的領域裡打滾，陌生的新東西一律丟給別人來處理。愈是這樣，他們就愈自我限縮，結果是和瞬息萬變的社會產生愈來愈大的落差。若說他們被龍碩給附身，似乎也是可以的。

「自由意志」是改變命運的要素

雖說龍碩具有預知勝敗的能力，但人與命運的關係往往是你退我進，我退你進，彼此處於競爭之中。命運有其不可逾越之處，例如我的身高不到一百八十公分，說什麼也不可能加入NBA，這就是限制。但許多時候命運也有讓步的地方，特別是那些處於逆境的當事人，誰能調整心態接受失敗，就能降低命運的打擊。我對命理學一直有一些興趣，雖然不能稱是什麼專家，但占星學的基本命盤還是懂的。在流年（也就是運勢運氣）的推算上，很常見到應得而未得，該失去而未失去的現象。

這幾年反覆驗證和求教各地名師的結果，不得不承認「自由意志」這個變項是干擾命運的因素。人的命是確定的，運則四時流變，人的命運雖有其大致的輪廓可以預測，但其內容與細節卻充滿著未知，可由當事人的自由意志來刪減增添。易言之，自由意志是改變，甚至塑造命運的要素。所謂的「預知」在我看來並不是百分百準確的事。

拒絕上陣的龍碩：逐漸老化失靈的自我

在後來的傳說裡（詳見本文專欄處），龍碩成為了鄭成功蕩平臺灣各路妖怪的幫手，這不啻說明龍碩的打撈上岸就是鄭成功本人整合內在資源的結果。如果我們把歷史中的鄭氏王朝視為一個人的發展歷程來看，那麼活躍於王朝中晚期的劉國軒就象徵著中晚年後的自我。

當劉國軒接手龍碩後，因為妖怪不肯聽命而加以責罰，結果造成龍碩自爆身亡。歷經三代的鄭氏，國運由盛而衰，龍碩此時的死便是一個人的自我逐漸老舊，不再能應對新形勢所造成的挑戰。

把這一切換成心理學的語言來說吧！理財投資、育養子女、維繫親密關係、溝通技巧、轉換跑道與自我的持續探索，這些都是學校甚少談論的事，但這些事卻全是影響生活品質的重要領域。而它們就是鄭成功傳說裡出現的各路妖怪，一同象徵著人在與環境搏鬥時所遭遇的各種困難，而龍碩便是中年以前我們用來「除妖」，也就是建立個人功業的憑藉。

前面提過，王朝的中晚期象徵著我們的中晚年，當我們持續用過時的武器來處理新問題時，自然會有力不從心之感。龍碩再也不願往前走了，牠已經很清楚眼前的仗沒有勝利的可能。劉國軒下令杖責妖怪龍碩，作為抗命的懲罰。易言之，他奴役著已經無法再繼續維持原有功能的自我。結果就是龍碩選擇了自毀，鄭氏王朝也走向了末路。換個角度講，或者也可以理解為人過了中年之後已經失去了求新求變的動機，因此漸漸被社會給淘汰。

正面看待自傷行為的動機

回到龍碩的自爆自毀，在佛洛伊德看來，人的自傷與自戕衝動是「死亡本能」的表現之一，但我認為人之所以會自毀或自傷，當中可能有著與死亡本能相對立的積極因素。臨床上來看，這樣的衝動往往發生在人的意識自我即將面臨擴大與轉化前的重組過程。換句話說，自我傷害有時是為了迎接新生而採取的象徵性手段。理想上這樣的轉化應該在內心中發生，但有時卻因為某些原因透過外在行為表現出來，作為治療師或輔導員的我們自然要極力避免。若能從正面角度來重新看待親人自傷的行為，將之視為對方想要成長改變的一種努力（雖然其方式有害），就能為他多添一層保護因子。

面臨更新的臺人心靈

從上述的角度來看，龍碩如果是鄭氏王朝的重要寶貝，牠在傳說中的自毀行為或許也意味著當時臺灣人的集體心靈正面臨巨大的更新吧！不這麼做，就不能迎來重生後的自我。龍碩故事的心理學意義因此和〈陳守娘〉傳說裡曾提到的等待著轉變成神靈的厲鬼相互聯繫。

臺灣人的心靈因為鄭成功勢力的介入，以及隨之而來的移民過程有了驚天動地的變化。龍碩之死意味著在臺漢人的整合過程來到了需要改變的新階段，也就是漢人移民與臺地原住民正逐步由文化對立走向融合的新時代。傳說總是反映著當地社群的心靈走向，由此可見一斑。

從傳說考察來臺漢人心理投射

我們可以將妖怪龍碩放進整部鄭成功的傳說事蹟來考察。鄭成功本人領臺時間甚短（僅一年不到），他在臺期間基本上只短暫地經略了臺灣南部，但有趣的是，他未曾跨足的中北部卻留下了許多與他有關的故事，這些與史實大相逕庭的傳說反映了在臺漢人微妙的心理。而妖怪龍碩也在這些口傳的故事中佔有一席之地，例如桃園跟宜蘭的烏龜精、苗栗的蟾蜍精、北部的鸚鵡精與鳶鳥怪以及六張犁的妖怪手等，都是在龍碩砲擊下被消滅的怪物，牠們後來分別變成了龜山、龜山島、蟾蜍石、鶯歌石、鳶石與拇指山。這既是反映了來臺漢人以較先進的工具技術開拓臺灣島的心理投射，也是個體善用了龍碩所象徵的潛意識資源，從而使自我運作良好的結果。

（3）細腰（中國・《搜神記》）

有一個叫做張奮的人，家中非常有錢，有一天他忽然間變得衰老，家財也跟著散盡，只得把房子變賣給程應。程應搬進去後，全家人都生病了，又將房子轉賣給鄰居何文。

故事大綱

何文買下房子後，一個人獨自拿著大刀，趁黃昏時進入北屋的梁上躲了起來。三更將盡時，忽然有一個人進來了，他身長一丈多，戴高帽，穿黃衣，進入屋內高喊：「細腰！」細腰答應了一聲。他又問：「為何家裡有活人的氣味？」細腰回答：「家裡沒人。」那人便離去了。不久後，又有一個戴高帽，穿青衣的人來了，在他之後，還有一個戴高帽，穿白衣的人進來。問答都跟前面一樣。

等到快天亮的時候，何文從梁上爬了下來，學前面的人那樣高喊：「穿黃衣的人是誰？」細腰回答：「是黃金，他在房子西邊的牆壁下。」「穿青衣的人是誰？」細腰回答：「是銅錢，他在房前水井邊五步遠之處。」「穿白衣的人是誰？」細腰回答：「是白銀，他在房子東北角的柱子下面。」「那你又是誰？」細腰回答：「我是杵，如今在竈臺底下。」

天亮以後，何文依序挖掘細腰指示的地點，得到金銀各五百斤，銅錢千萬貫，取出杵來燒了。從此大富，房宅內也平靜下來。

故事解析

人格的豐厚或貧瘠對旁人影響甚鉅

這則傳說最有意思的地方在於，不僅舊物品放久了會變成妖怪，就連金銀銅錢也是如此。此外，它還相當好地說明了諮商與心理治療的歷程。

張奮原本是豪富之家，突然之間人變衰老，家道也跟著中落，因此只得把房子變賣。我們先前已經談過，房屋象徵著我們整體的人格或身體，從豪富到中落，意味著他原先的豐厚人格因為某種原因突然地反轉，變得貧瘠不堪。房子的新買家程應再搬進去之後全家人也跟著一起生病了，象徵如果一個人的內在是貧瘠的，他不僅是影響他自己而已，同時也會影響身邊的人。所以住進這棟房子的人，也就是親近程應的人連帶地受了牽累，失去了活力。

我們都有過這樣的經驗吧？親近性格開朗或富有內涵的人總是讓人愉悅，古人說「腹有詩書氣自華」，這真是一點不假。反之，總是垂頭喪氣或憤世嫉俗的人也很容易使他周邊的親友感到莫名的低落與躁動。因為世界是內心的延伸，當我們處在這樣的狀態時，內在的焦慮與憤懣感也會投射在旁人身上，從而一起被捲入低氣壓中。個體化之所以能同時使自己和周遭的親友受益，這便是重要的因素之一。

後來房子再次轉手，轉賣給鄰居何文，何文做了一個大膽的行動。他獨自一人帶著大刀，在黃昏時預先躲在大樑之上，準備一探究竟。黃昏是日夜的交界處，前面提到的鳥山石燕在《今昔畫圖續百鬼》中就曾提到「逢魔時」亦屬百鬼之一，逢魔時就是黃昏，在此時特別容易遇見鬼。黃昏也象徵意識與潛意識的交界處，那是我們逐漸放下心防的時刻，那時潛意識的各種本能願望都會慢慢浮現。

潛意識的溝通仰賴有品質的好關係

在諮商的過程裡，如何利用逢魔時來與個案「交手」是一門高深的學問。所謂的溝通並不只是發生在兩人的意識上，而更是在潛意識裡。舉例來說，當事人答應你要開始戒菸，但總是做不到。光從此點就可以推論，意識絕不是人格的主人，在意識底層或他處必定還有一個佔據重要位置的決策者存在。佛洛伊德將之命名為潛意識，並相信它才真正掌管著人類行為的動機。

不也有孩子對父母，或成人對老闆陽奉陰違的時候嗎？表面上，兩個人做了充分的溝通。父母要求孩子控制上網的時間，孩子也答應了，但無論如何就是沒辦法遵守承諾。因為這時候的溝通仍然停留在意識層次上。因此隨之而來的就是懲罰、獎勵或者其他控制的手段。在職場上這些手段固然可行，但人際關係畢竟不是法官判案，不可能仰賴獎懲來維繫情感，在教育或心理諮商的情境裡更是不可行，因此如何在潛意識的層次進行溝通，就變成了判別諮商師功力的重要指標了。深度心理學高度重視這一點。

要想在潛意識的層次進行溝通，沒有尊重且信賴的關係是不可能的，不僅輔導工作如此，伴侶之間、親子之間也同樣如此。當關係的品質上升，意識的防衛降低了，敏銳的輔導人員會利用這個時機來探查當事人內心的真正想法。為什麼用「探查」？因為潛意識的想法往往當事人自己也不明白，非得仰賴諮商師的學養與經驗不可。孩子說什麼就是無法出門上學，但卻表現出非常掙扎、非常焦慮地想要來學校的行為。到底是什麼牽制住他了呢？他恐懼著什麼？擔憂著什麼？但有時他們表現出的倔強表情卻不像是會輕易向任何人認輸的模樣。

那是一個極難用言語說明的時刻，但在那一刻出現的時候，輔導人員就必須提起勇氣深入其中才行。他牽涉的不僅是當事人的自我敞開，也牽涉了輔導人員自身向未知的敞開。那一刻，我們才見得到躲藏在當事人內心中的妖怪。何文手上的大刀是他做妥了準備的證明，一如治療師備妥了各種理論、假設和技術進入了諮商場域裡，也像每個學習者參與了各種講座、禪修、靜心或聽講後，累積了各種前人的知識和經驗在求道的路上。但細心的讀者一定發現了，這把刀他根本沒用上。

備而不用的大刀：非戰非逃的創造性時刻

之所以會帶上這把刀，是因為我們需要一個有力的證明。不管那是畢業證書、專業證照、研習條、作者的簽名還是與「大師」的合照。沒有這把刀，何文或許就不敢獨自在夜裡進入鬧鬼的屋子。然而真正幫上他大忙的不是這把刀，而是他的機智與勇氣。

三更後，一個戴高帽、穿黃衣的巨人走了進來，喊著空蕩蕩的房屋：「細腰！」然後一個不知何處來的聲音回答了他。他又問：「為什麼屋子裡有生人的味道？」細腰回答：「沒有啊！屋裡沒活人。」巨人離開了，然後又分別進來了穿著青衣與白衣的巨人，他們都問了細腰同樣的問題，細腰也這樣回答他們。

何文自始至終都沒有跳下大梁拿著大刀和巨人對決，他只是躲著傾聽，直到快要天明。而何文放棄了殺死陰影的想法，這是他最終得到巨富，也就是完成個體化關卡的原因。因為我們的心中有黑暗，才會看見妖怪。人若抱著與妖怪拼個你死我活的念頭，就不可能達到整合。何文的高明處還不僅如此，他細心地聽著細腰與巨人們的對話，心中慢慢浮現了一個想法。他不戰，但也不逃。等到天色將明未明之時他終於從樑上下來，同樣高聲問起細腰：「穿黃衣的人是誰？」細腰回答：「是黃金，他在房子西邊的牆壁下。」而穿著青衣與白衣的，則分別是銅錢與白銀，而細腰自己則是一根杵。

易言之，何文並不膽怯。如果他膽怯了，就會躲到天明後找機會逃走。但他不是，他耐心地等待，直到下一個逢魔時出現，也就是清晨之際，那是另一個黑夜與白天的交界。他決心利用這個時機，一舉弄明白妖怪的底細。這個非戰非逃的選擇是具備高度創造性的舉動。此時的他模仿著妖怪的行為和語氣，易言之，他與內心的陰影混同了。然而他最終並沒有認同陰影，也就是說，模仿妖怪並沒有讓何文成為真的妖怪。他進入黑暗，傾聽黑暗；他不與黑暗對抗，也拒絕成為黑暗，而是等到天明，將黃金、白銀與銅錢悉數取出，然後放火燒了那根已經成為妖怪的杵，他從此成為巨富。要是何文只想畏縮地躲到天明，那麼就算在梁上見到了妖怪，也得不到任何有用的情報，人格的改變就會宣告失敗。

被錯待的心理資源：化成巨人的財寶

化為妖怪的黃金、白銀與銅錢，不正是我們心理能量的象徵嗎？如果我們偏執地認同著現實，以僵化而非好奇的態度來對待生命，那麼我們內在的有利資源就會成為駭人的妖怪，使我們衰老貧窮，使家人染病。金銀錢財本是有益於人的東西，但它們竟然化成了憎惡活人氣味的可怕巨人。以深度心理學的角度來看，這樣的劇情是發人深省的，它暗示著現代人的各種身心症狀或許就是我們的內在生命被忽視與錯待的結果。黃金被埋在牆角下，銅錢在井邊，白銀在柱底，易言之，如果不能好好善用金錢，它們不僅會變成無用的石頭，甚至反而會招致「金錢情結」，使人為之枯竭委靡。

而細腰又象徵著什麼呢？它是一根杵，亦即舂米的木棒，用來為粟米穀物去糠，或擣碎藥材酒麴等。換句話說，它是我們人格中用以去蕪存菁的工具。當何文燒掉杵的同時，或許意味著他已明白完善人格的責任在自己的身上了吧？他不再需要細腰來協助他應對個人的金錢情結時，它就被整合進何文的人格之中，褪去了妖怪的性質，這才使他成為巨富之家。

我曾在《故事裡的心理學》下冊中討論過《哈比人歷險記》中的食人妖，這些一見到陽光就會化為石塊的可怕種族也有相同的意涵。牠們原始、巨大，胡亂地蒐集著各種有用和無用的東西堆積在洞穴，從未想過該如何使用這些寶貝。這不正是〈細腰〉傳說的翻版嗎？當我們的心理能量被我們生命中過不去的「情結」逐漸吸附，從而變成了難以抵敵的妖怪後，當事人怎麼能不感到生活疲弊窮困呢？

我們之所以會感到自己動彈不得，往往是心理能量乾涸的結果，我們在日間提防著這個，躲避著那個。在夜裡，它們又化為各種鬼魅，令人難以入睡。進入晤談室裡的當事人很容易有這個狀況，祕密與擔憂佔去了他們的注意力，他們只能躲著他人的目光，同時又得耗費精力窺伺猜測旁人的動機，小心翼翼地過生活。何文卻很清楚地知道什麼東西是寶，什麼東西已被整合所以不再需要。他留下了金銀錢財，燒掉了杵。傳説裡的三個人，只有他真正面對並走進了陰影，而後又成功地從中離開。他得到了寶貴的訊息，從而能整合情結、釋放受縛的心理能量。〈細腰〉傳説簡短卻深刻地為我們指出了個體化的路徑。

燈猴告訴玉帝，人類非常浪費食物，把湯圓當成玩具到處亂黏，不懂得惜福。玉皇大帝相當生氣，決定降下洪水，要淹沒全島。眾神紛紛勸阻，但玉帝心意已決，說什麼也不願收回命令。

二、燈猴（臺灣・《臺灣民間文學集》）

故事大綱

一直以來，人們都會在冬至的那一天煮湯圓，但人們並不會吃完全部的湯圓，而是會留下部分沾黏在家中的器具上，分享給它們，以慰勞這些器物一年來的辛勞，稱為「餉耗」。但有一次，人們在分享湯圓時竟然忘了給燈猴（即燈鉤，神桌上的燭臺或燈架）。燈猴覺得自己被人類忽略了，一狀告上天庭。

燈猴告訴玉帝，人類非常浪費食物，把湯圓當成玩具到處亂黏，不懂得惜福。玉皇大帝相當生氣，決定降下洪水，要淹沒全島。眾神紛紛勸阻，但玉帝心意已決，說什麼也不願收回命令。

在年底尾牙時，百姓酬謝土地神，土地神不忍，一方面預先告知他們即將到來的命運；一方面趕緊聯繫觀世音菩薩，請祂一起和眾神說服玉帝收回成命。人們知道末日將臨，只得無奈接受。他們祭祖、拜神，將神明送回天庭，以免受到波及。神明見凡間缺乏保護，又遣天兵天將下凡護衛，這就是「二四送神，二五神下降」的由來。接著，四處遠行的人們都趕回來了，選在除夕當天聚在一起圍爐，和親人一起享用最後的晚餐，同赴此難。吃完飯後將剩下的錢財包成紅包分給大家，以便黃泉路上使用，並共同守歲到最後一刻，直到洪水來臨。

沒想到，天亮之後依舊沒有等到洪水。原來是玉皇大帝在收到觀世音菩薩的求情之後，重新訪查此案，認為是燈猴誇大其詞，於是撤銷原旨，並下令處罰燈猴的誣告之罪。於是百姓燒香、放鞭炮以為慶賀，並紛紛前往親友家中互道恭喜，並到寺廟裡祭拜神明，這就是走春的由來。隔天，也就是初二，則趕回娘家探望。第四天迎請神明回家，第五天就恢復了正常工作，重新開市。這一連串的行為後來就變成了過年的習俗。

故事解析

這則傳說最早出現在一九三六年李獻章出版的《臺灣民間文學集》，但除夕燒燈猴的習慣在清代臺灣就已流傳，日治時期探討臺灣民俗的雜誌《民俗臺灣》也有燒燈猴的記載，裡面提到，燈猴若是三年沒燒，就會化成妖怪作祟，因此臺人過去一直有著燒燈猴的習俗。燈猴燒化後留下的灰燼分成十二份，可以用以占卜來年十二個月的運勢，不知此法如今安在哉？

傳說中第一個讓我們注意到的問題是，為何妖怪燈猴的個人意見可以上達天聽，使玉帝不願採納眾神的意見？在中國文化裡，妖與仙的關係是很複雜的。在〈狐仙〉一章裡我們談過，百姓習慣尊稱狐狸精為「仙家」，而不稱其為妖。《西遊記》裡更是妖仙不分，兩者身分的區分是動態的，得看他與人類或天神之間的關係決定。當玉帝與孫悟空交惡時，稱他「大膽妖猴」，當關係和緩時，眾神又改口稱他大聖、上仙。

悟空沿路斬殺的妖魔多有原先寓居天庭的神仙，男配角豬八戒與沙悟淨同樣是由天界貶入凡間而成為妖怪的天將。換句話說，妖與仙的身分是浮動的。在《搜神記》裡，鬼、狐、妖怪這樣的名詞也有混用的情形。干寶所記載的「鬼」故事，常有主角是狐狸的現象，而其文中不僅會稱其為鬼，也會稱其為妖怪，因此妖與仙絕非可清楚畫分的族群。而燈猴曖昧不明的身分亦屬此類。

燭臺與猴子的象徵

作為托燈的燭臺，燈猴是負載著燭光，卻長年處於暗處的器具。凡有光的地方必定有影，能照亮他處的燭臺唯獨照不亮自己的底座，這種被燈具所阻擋而形成的陰影，中國俗諺稱為「燈下黑」。也就是說，近處最容易滋生看不見的黑暗，愈應清楚明白的地方卻反而容易藏汙納垢。肉必自腐而後蟲生，就是同樣的道理。

不管是因為燈架的外型像猴子，還是「鉤」與「猴」發音類似，猴子與人類一樣都是靈長類動物，但卻長著尾巴和長毛，野性難馴，是介於動物與人之間的存在，因此稱猴子為「半人」也無不可。故而我認為以猴子為主角的傳說，其闡揚個體化的意味往往相當濃厚。剛談過的《西遊記》就以猴子做主角，象徵我們總是四處攀緣的心智，難以定下來安處。《西遊記》的猴子大鬧天宮，燈猴傳說的猴子則差點毀滅世界，這絕非偶然。它們同樣都用猴子來象徵人類躁動的內在，一刻都難以停歇。石猴孫悟空在甫誕生之際，便目運金光，直沖天庭而去，驚動了玉帝一班人。而燈猴則長年在神桌上安放，馱著燭臺，以燭光照耀神像。兩者顯然都在暗示著，這個發展未全的人類，這隻只有「半人」身分的猴子雖然有著野性的外表，其本質仍舊充滿著豐沛的靈性。燈猴因此處於妖與仙之間，其馱負光明的角色甚至能受到玉帝的信任也就不足為怪了。

每年的冬至，家中內外的所有器具都能分得一口湯圓，唯獨燈猴被忽略了，牠氣得一狀告上天庭，但卻巧妙地將人類用以犒賞家中器物的「餉耗」扭曲為刻意對食物的浪費。同樣的行為卻因為觀點的不同產生了相反的解讀，就這點而言，玉帝確實受到了蒙蔽，燈猴的不良居心因此得逞。

剛剛提過，猴子是「半人」，燈猴則長年待在燭光底下未受注意的黑暗裡。這一切無不暗示著燈猴就是臺人集體心靈的陰影。當人們享受著燈猴的服務，利用其頂頭上的光亮祭祀神明與祖先時，竟把苦難與責任全拋給燈猴承擔，壓在了影子底下。

劣勢功能經歷發展才能重獲完整

冬至是一年之中白晝最短，夜晚最長的日子。那一天過後，晝夜的時長即將翻轉。在這樣的時刻，忍耐一年的陰影終於爆發了。牠拒絕成為被光明所鄙棄的對立面，犒賞全家器物的日子裡，牠理當得到應有的那一份。「家」象徵著我們整體的人格，被遺漏的燈猴就象徵著我們從未予以注意的心理功能或自身的特質。一個有思維傾向的人，就容易忽略他的情感；一個信賴直覺的人，就會懷疑感官。使用自己的優勢心理功能來過生活通常比較輕鬆，問題是人生並不簡單，往往需要我們發揮各種功能來應對才行。因此人們會把他不習慣的劣勢功能給壓抑或投射出去，讓其他人來幫自己承擔。

舉例來說吧！不習慣情感表達的父親負責賺錢養家，把教養子女的責任都交給太太處理。婚姻與家庭中的分工是很常見的，但長此以往卻會使雙方漸行漸遠。在這種分工底下，每一方都不再是自己，不再是完整的人，而是一個「角色」，或一種「功能」。夫妻因此成為了一組分工完善的雙人小隊，卻不是能彼此安慰與身心交流的伴侶。他們都成為了名副其實的「另一半」，而不是自己生命的全部。

深度心理學鼓勵人們走向完整，而其關鍵之一就是將我們的劣勢功能從人格的陰影處重新尋覓回來。許多人在中年以後都會開始受前半生失落的另一半所吸引。原先忙於家務而沒有自己生活的家庭主婦在孩子長大之後開始變得活躍，二度就業、學習新知、努力地安排自己的生活，這往往使得原先仰賴妻子打點日常生活的先生受到刺激。在健康的狀態裡，受到刺激的先生會開始跟著面對和學習原先不熟悉的家務，自己做早餐、晾衣服、幫忙洗曬被單等，妻子的整合行動從而也鼓勵了先生走向個體化。但在不健康的狀態下，受到刺激的先生可能就會感到憤怒，因為他原先習慣的生活被破壞了，變得不再那麼舒適與安全，因此有意無意地限制妻子的自我成長之舉。

光從此點就可明白，為何學習深度心理學如此困難。因為它要求我們面對自己不擅長的那一面，而不是要我們只顧著發展自己熟悉的那一面。後者追求的是完美，也就是在一個小點上讓自己百尺竿頭、更進一步；前者則追求完整，也就是在整體的層次上，使自己的生命經驗盡量開展成一個圓。

毀滅臺灣的玉帝：淹沒意識島嶼的潛意識汪洋

受到忽略與遺忘的劣勢功能躍上了天庭，並看似成功地迷惑了象徵著人格核心的玉帝。在深度心理學裡，作為人格核心的不是自我，而是位於集體潛意識中的「自性」，它此處是以玉帝為象徵的。自性是完整的代名詞，它在潛意識中驅動著每個人的自我逐漸往他靠攏，也就是驅動我們向完整前進。因此玉帝的發怒並非遭到蒙蔽，而是刻意為之，目的是使自我面對內在的陰影與劣勢功能。而此刻他下旨毀滅臺灣，毀滅人類！何以故？

臺灣是一座島嶼，將島淹沒至大水中，象徵著要以潛意識淹沒意識，這是兩極以暴力的型式強行接觸的意象。兩極的接觸在深度心理學裡指的主要是自我與自性、意識與潛意識的碰觸或會合。兩極接觸之所以重要，在於絕大多數的人都拒絕承認我們內在還有一個我們不認識的自己，他們相信意識層面的自我就是一切，就是權威。而這都妨礙著接觸，自然也就妨礙著完整。因此過於自負的小我必須在此時受到警告，這是拒絕承認完整的代價。

共時性：內外世界的交織

潛意識有時是暴力的，特別是我們拒絕回應它的時候。先是不可解的夢境，然後是偶而出現的身心症狀，最後症狀愈演愈烈，乃至以現實的苦難表現出來。孩子沉迷於網路、另一半藉故工作不想回家、職場上的紛爭、外遇、失眠、體重問題等等，這些看似自外於我的麻煩事，常常也有著個人內在生活失衡的因素。此種內外在生活趨於一致的狀況被稱為「共時性」，它在關係議題中特別凸顯。

如果不是部分地獲得了自己的允許，另一半能有機會外遇嗎？事實上是的。因為我選擇獨佔了家務的全部，使配偶愈來愈像個局外人，從而讓第三者有了介入的空間。或者情況相反，我自身有著沒有處理好的各種情結，那些可能源自早期經驗的心理議題在婚姻生活中被不斷放大，從而阻斷了兩個人的關係，漸漸地無法再真誠以待。我們若允許情結及早期經驗凌駕於自身之上，就會以親密關係的失敗作為代價。如果對方本來就是一個很糟糕的人，那何以自己會長年允許他做出危害自身甚至孩子的事呢？是對和樂家庭的想像限制了我做出正確的選擇嗎？還是有其他原因使我成了他的共謀？當中的狀況錯綜複雜，無法在此詳談，如果遇到這樣的痛苦，我希望雙方當事人及早尋求專業的協助為好。

眾神力勸玉帝未果，最後由土地神在尾牙時透露給了人類。人類似乎沒有反抗，而是很坦然地接受了。在這裡，我們看見了本傳說的特別之處。因為反抗命運的主題在西洋神話裡俯拾即是，例如著名的伊底帕斯和追尋永生的吉爾伽美什，但〈燈猴〉傳說裡的人類卻顯得很淡定，在這裡極力反對的不是人類，而是諸神。

連結與承擔：臺灣人的命運觀

有趣的是，人類並非不積極，但他們採取的積極作為不是抗議，而是情感聯繫。首先送回諸神，以免祂們受牽連。其次趕緊回家，和家人在除夕夜齊聚一堂。這個看似沒有作為的行動，實則孕育了真正的創造力。在禪修時，僧侶們看似靜止，其內在卻是豐沛有力的。在重大的時刻，那麼能夠回到靜止不動的核心的人，是真正有力量的人。而這樣的力量，同樣是一種女性的力量。它對外表現出接受與包容，換句話說，這則臺灣傳說透露的同樣是臺灣人陰性面的傾向，在遇見不可違逆的命運時，在臺漢人總是傾向緊緊地與女性心靈相依。他們選擇連結並共同承擔，而非責怪玉帝的不公。在〈六郎〉傳說裡討論過的土地公也透露了類似的意涵，玉帝是天神，屬陽性面，而作為地祇的土地神則與陰性面更為接近，因此後者一邊預告臺人做準備，一邊則找上了觀世音菩薩做幫手。

觀世音菩薩象徵著母性／陰性的心靈，在〈陳守娘〉傳說裡，祂接在廣澤尊王之後和陳守娘約法三章，從而收服了她，這表示在臺漢人更願意接受母神的調解。同時在這則傳說裡，也表現出依賴母神來重與玉帝取得和解的特色，也就是藉由陰性心靈來與自性接觸。移民社會本應陽盛陰衰，何以會接連出現這樣母神特質濃厚的傳說呢？唯一的解釋是補償功能的作用，目的是讓在臺漢人的意識態度獲得修正。

除夕與守歲：進入黑暗，與陰影同在

圍爐之後，錢被放在紅包裡分給了大家，作為黃泉路上的旅費，然後眾人一起熬夜，等待天亮。易言之，大家一起待在黑暗中，試著理解黑暗，讓它成為自己的一部分。結果天亮之後什麼都沒發生，原來是玉皇大帝接受了觀世音菩薩的懇求，饒恕了人類！但從深度心理學的角度來說，玉帝的饒赦正是守歲的結果。

讓我們回想一下，燈猴是誰？燈猴就是光明底下照不著的黑暗處。牠選擇在冬至告狀的原因，是因為陰影再也受不了人格面具的欺壓和忽略。作為整體人格的一部分，陰影在一年之中黑夜最長的日子取得了能量，反噬了意識層面的自我。但人類卻接受了它，在自性的壓力之下，人類終於在除夕那一晚進入了黑暗，與陰影同在。這個選擇就是我屢次談的「轉身」。

《地海巫師》中的格得轉身擁抱影子，〈燈猴〉傳說裡的臺灣人轉身擁抱暗夜，陪著暗夜直到天明。當黑暗得到了足夠多的理解，黑暗終於成為我們的一部分，燈猴的怨氣隨之化解。和解取代了對抗，新的一年於焉到來！

新年的意義

除夕是我們與前一年的黑暗和解的重要日子，唯有做到這件事，我們才迎來新的年度和新的自己，然後用一個嶄新的自我迎接來年的困難與任務。燈猴的發難、玉帝的懲罰，以及守歲的心理學意義，因此全部指向了同一件事。人們難以置信地去外頭探訪，拜訪親友，於是演變成走春與回娘家等習俗，這是新生自我對世界充滿好奇與感恩心的證明。其實世界仍然是那個世界，只是整合陰影後的我已不再是原來那個我。世界是內心的延伸，當我的內心充滿感謝與好奇之情，世界亦隨著變得可愛可親。

確定親友健康安全後，初四迎神，初五開工。這象徵著人的心再次取得與神聖之間的聯繫，很有意思的是，傳說暗示我們，與親友之間的連結在先，與神聖的連結在後。易言之，先俗後聖，而非反之。我們要先能與內心的黑暗和解，才能進一步與他人、與世界和解，而後我們才能遇見神（也就是迎神）。也就是說，人若一心求道，也必不可遺忘與怠慢了在世俗之間的責任才好。初五之後一切恢復正常，我們繼續在新的一年努力，在年末轉身陪伴這一年遺落的黑暗，如此周而復始，終於形成過年的習俗。

燈猴傳說的啟示：跨越、連結與反省

燈猴傳說將過年習俗與世界的毀滅和重生相聯繫，生死之間的對立和過年的「跨越」主題彼此呼應。後者本是一個時間再也無法回頭的客觀事實，但燈猴傳說卻向人們保證，穿越了黑暗之後迎來的是光明，從而鼓舞人們面對自身的陰影。故事甚至提供了陷入死亡焦慮時的自救方法，那就是人與人之間的聯繫。在關係裡，我們得以找著直面死亡的勇氣。關於命運，臺灣漢人的集體心靈表現出了極大的耐受力。不反抗、不爭辯，而是以陰性心靈的大海承受苦難，等待春暖花開。

妖怪不是別的，牠是我們內在的黑暗所投射出去的產物，燈猴更是其中最為凸顯的例子。故事末的燈猴雖然受到了處罰，但我們依舊使用燈猴來舉火，繼續與牠保持合作，讓牠上頭的燭光引領著我們親近神靈。人們因此得以繼續和燈猴相互陪伴，反省自己過去曾犯的錯。

永遠記得分一點湯圓給那個為我們承擔黑暗的燈猴吧！牠不是別的，牠就是我們拒絕看見的那一部分，認識牠，親近牠，與燈猴保持友好，年復一年地和陰影保持協同，讓這個可愛的妖怪成為我們個體化路上的好幫手。

現代人的妖怪

對古人來說，妖怪真實地存在著，不需要大張旗鼓地替牠們做紀錄、留畫像和編故事。反觀我們的時代，妖怪的物語和圖象紛呈，牠們成為了流行文化的一部分，在電視、在書籍、在手遊或在主題樂園，但除了孩子以外，人人都知道，牠們只是一種虛構的創作。這一切意味著什麼？意味著我們已經成功地從自然界裡驅離了黑暗。飯甌和破雨傘只需要丟進垃圾車，不用擔心它們化成妖怪復返，而動物不是食材就是野味。我們所擔憂的未知是經濟上的，我這支股票還能漲多少？公司今年的成長會衰退還是增加？在現代人的心中，數字才是最可怕的妖怪。

終於，人來到了歷史上首次出現的無所畏懼的年代。弔詭的是，恐懼並不因此真的消失，它轉化成對病症的憂慮，不論是癌細胞還是未知的病毒皆是如此。於是各種病毒肆虐、活死人橫行的電影成了商業片的重要主題，甚至異形入侵、地球毀滅也揭示了同樣的心理原理。人類似乎需要感到恐懼，因為黑暗需要可以投射的出口。既然動物與大自然已經被我們征服，那就將它投射到我們征服不了的病毒與外星人身上吧！妖怪於是變種成新型式繼續存留了下來。

尊敬大地，讓妖怪重新成為荒地的主人

新一輪的對決啟動了。我們內在的黑暗再度為我們創造了新敵人。而我們偏狹地相信，唯有科學可以擊敗新敵人，一貫如此。每個妖怪都可以殺死，每種病毒都會找到解答。人類的自我膨脹莫此為甚。舉個例子，在那個我們還相信蝙蝠會帶來「福氣」的年代，人們尊敬牠而不是吃掉牠。當牠變成野味上了餐桌後，福轉成了禍，各種我們迄今無法完全處理的病毒因此上了人類的身。

如果我們不反省這樣錯誤的自大心態，科學永遠只能追在我們屁股後頭來處理善後，而非走在我們前頭引領人類探尋真知。讓這一輪的對決成為整合的契機吧！善待我們的環境，尊敬養育我們的土地，讓妖怪是妖怪，而不是某個必須除之而後快的對象。黑暗可以是醜陋的，但也能夠可愛。讓妖怪再度成為荒地裡的主人吧！那一刻，我們就會再度成為大我的一部分。

年獸的故事

在其他的過年傳說裡，比較流行的還有「年獸」的故事，但其意義則有所不同。

「年」是一頭怪獸，常在年末出來騷擾人類。牠害怕爆竹聲以及紅色，因此人們在年末時張貼紅色春聯與斗方，又燃放爆竹驅趕年獸，以求平安。因此初一時大家會出來相互探望，看看親友是否安好，並恭賀彼此又過了一個年，祝福來年依舊健康平安。

與燈猴相比，這則傳說相對單調了許多，故事把「年」視為必須驅逐的怪獸。年獸無疑地象徵著陰影，這從牠害怕紅色就可以看出端倪。紅色是火的顏色、太陽的顏色。易言之，年獸害怕光明。故事中的人與陰影處於對抗關係，年獸的定期到訪象徵著陰影的回頭，但此傳說裡並沒有出現與陰影對話的願望，而是用暴力的手段回敬黑暗。因此這個故事反映的是人們對待陰影的不成熟態度，從心理學角度看，它的內涵比起〈燈猴〉傳説遜了恐怕不只一籌。

她呼出來的氣彷彿一道白色煙霧。接著，她又轉向巳之吉，彎下身子要對他吹氣。巳之吉想發出聲音求救卻毫無辦法，眼看女子愈來愈靠近，巳之吉也看清楚了女子的臉。那眼神雖然嚴厲，面貌卻相當美麗。

三、雪女（日本・《怪談》）

故事大綱

武藏國某座村莊裡，住著名叫茂作和巳之吉兩位樵夫，這件事發生時茂作年紀已經很大了，但巳之吉才是十八歲的小伙子。

他們兩人每天結伴前往森林裡砍柴，前往森林的路上有一條大河，得靠渡船才能過去。村人們不是沒在那裡搭過橋，但每次蓋好橋都會被洪水沖走。只要這河一氾濫，普通的橋是撐不住的。

某個寒冷的傍晚，他們兩人在下山的路上遇見了暴風雪，好不容易來到了河邊，卻遍尋不著渡船人，只見他的小船停在河岸。不得已，他們只好躲到渡船人的小屋裡躲避風雪。小屋裡既沒有火盆，也沒有可供生火的地方，屋子只有一個出入口，連窗戶都沒有。他們關上門板後，就躺下來休息了。

年老的茂作很快就進入了夢鄉，但年輕的巳之吉卻怎麼也睡不著，他聽著屋外的暴風雪不停地拍打著門板，河水發出轟然巨響，彷彿小屋就要被吞沒一般，夜色漸深，寒氣更加逼人。巳之吉冷得瑟瑟發抖，但終究還是抵擋不住睡意，慢慢睡著了。

一片片雪花打在巳之吉臉上，將他弄醒了過來。原本應該緊閉的門板不知何時被打開了，透過積雪的反光，他看見一名女子站在屋內，她穿著白衣，屈身對著熟睡的茂作吹氣，她呼出來的氣彷彿一道白色煙霧。接著，她又轉向巳之吉，彎下身子要對他吹氣。巳之吉想發出聲音求救卻毫無辦法，眼看女子愈來愈靠近，巳之吉也看清楚了女子的臉。那眼神雖然嚴厲，面貌卻相當美麗。

女子凝視著巳之吉好一陣子，最後露出了微笑，低聲說道：「本來我也想讓你和這男人同個下場，但畢竟你還年輕，有些不忍心。」

接著她又說：「巳之吉，你看來很討喜，我不會傷害你。但你要記住，今晚見到的事萬萬不可對他人說起，即使對你的母親也一樣。你有沒有說，我都會知道。而你要是說了，我就會殺了你，明白了嗎？」

女子說完後，就離開了木屋。女子一走，巳之吉突然能動了，他立刻拿起木棍抵住門板，以免再有人進來，隨後轉念心想：「我剛是不是眼花了？錯把什麼東西看成了白衣女子了吧？」然後他推了推茂作，發現他已經臉孔僵硬地死在了地上，而後他就嚇暈了過去。

天亮之後暴風雪才停，來到小木屋的船夫發現了死去的茂作與昏厥的巳之吉，將他們都送回了村裡。巳之吉很久之後才慢慢恢復了健康，茂作老人的死，對他的心裡造成很大的創傷。但關於那個白衣女子的事情，他對誰都不敢提起。待他痊癒之後，他又繼續在白天進去森林砍柴，傍晚背著柴薪回家，如此過了一年，又到了冬天。

某天傍晚他砍柴回家，發現道路前方有一位獨自趕路的年輕女子，她身材高挑纖細，容貌標緻。巳之吉向她打招呼，她也禮貌地回應。聲音清脆，相當可愛。他們兩人並肩同行，天南地北地聊著。姑娘說她名叫阿雪，父母親去世了，現在要前往江戶投靠親戚。巳之吉被她吸引，於是大膽問她是否已經有對象了？姑娘笑著說沒有。接著，姑娘也反問巳之吉結婚了嗎？巳之吉說：「不，我只有一個需要奉養的老母親。我還年輕，沒想過結婚的事情。」

說完之後，兩人默默地又走了一段時間，嘴巴上雖然不提，但對彼此卻相當有好感。巳之吉邀請阿雪回家裡休息一下再走，阿雪害羞地答應了。當母親見到阿雪後非常歡喜，一再用各種理由留她下來，如此多次之後，阿雪就在巳之吉家中住下來了，名正言順地成為了他的妻子。

婚後，母子兩人都很滿意這個媳婦。五年之後，巳之吉的母親去世了，臨終前滿是對媳婦的讚美。

多年過去，阿雪為巳之吉生下了十個孩子，但從來不見衰老。某天晚上，孩子們入睡後，阿雪正在做著女紅，巳之吉隔著燭光盯著阿雪瞧，不知不覺說道：「我看著妳的模樣，想起了十八年前的某個夜晚，那時發生了一件不可思議的事。當時我看見了一位跟妳長得一樣美麗的女孩子，事實上，她跟妳長得很像。」

阿雪繼續手上的針線活，頭也不回地問：「那你是在哪邊遇到她的呢？」

於是巳之吉就把當年在小木屋發生的事全部說了一遍，然後又補上一句：「不管是在夢裡還是在現實中，我一輩子只看一個和妳如此相似的美麗女人。想當然耳，那個女人一定不是人類。我當時非常害怕，她很可怕，全身幾近雪白。我到現在還分不清自己是在做夢，還是真的看見雪女了？」

阿雪放下手邊的工作，尖聲對著丈夫吼道：「你看見的那個人就是我！是我，阿雪！那時我就警告過你了，永遠不要把事情說出來！否則我就要你的命！看在孩子的分上，事到如今，我也不能殺你了。你好好養大我們的孩子們吧！不要讓他們受到委屈，不然我一定會要你得到報應！」

阿雪叫喊著，聲音逐漸變得跟風聲一樣細柔了，最後身影化成了白色的煙霧，朝屋頂上的梁飄去，穿過窗戶變得無影無蹤。從那之後，再也沒人見過阿雪。

故事解析

遊走在意識邊界的樵夫

除了物久能成精之外，妖怪的另一種型式則與自然現象有關係，風雪雷電，乃至山海河川，古人都相信有能操控其消漲的妖怪或神靈居於其中。當中比較有趣的，是在日本傳說裡被稱為「鐮鼬」的妖怪，牠是旋風的化身，而且總是三個一組共同出現，第一隻鐮鼬負責將人推倒，第二隻鐮鼬則拿刀劃傷人的皮膚，第三隻則迅速地在那傷口上抹藥，因此被害者雖然會受傷，卻不會感到疼痛，是一個基本上對人無害的妖怪。而此類妖怪中知名度最高的，便是本篇的雪女。

傳說告訴我們，這是一則兩個樵夫的故事。這兩位樵夫，一老一少，他們遭遇的是內在少女的現身，內在少女同時也是我們的陰性面向，她就是生

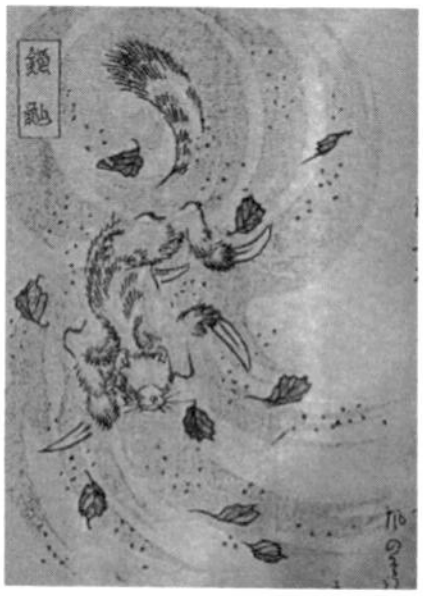

鐮鼬，日文又稱「窮奇」。後者雖然與《山海經》中紀錄的妖怪同名，但形象完全不同。鐮鼬是一種傳說中的風妖，牠們總是三隻一組出現，彼此的關係有人說是親子，也有人說是兄弟。本圖取自龍閑齋所繪製的《狂歌百物語》（1853）。

命本身。與內在少女的相逢常會為男性帶來生產力，激發我們的創造欲，同時也可能反過來被她吸乾我們的生命，一如老樵夫茂作的命運。

樵夫，是潛意識森林的砍伐者，他們的工作是在清晨時入山，黃昏時離山。樵夫日復一日地穿梭城鎮與森林，象徵在意識與潛意識兩界固定遊走。在邊界移動遊走的人，往往面臨一種矛盾，是認同這方呢？還是認同那方？想想班上新來的轉學生，或者剛升上高中乃至大學的青少年，是不是都有不知效忠哪一方，該花時間在新班級或是回去找老同學的困擾？那些原有父母離異之後又找到新交往對象的孩子，也面臨著類似的尷尬。

適應不來的人終身為了認同而猶豫，最終浪費了他所處的獨特位置；而能堅定地在邊界來回的人，則往往左右逢源，能發揮出位居核心者無法想像的能量。在《神話裡的心理學：惡與陰影》裡我們會提到，天宮諸神之所以拿孫悟空沒皮條，原因就在於他們太過乾淨，以致面對來自下界妖猴不按常理出牌的舉措時難以應對。而久居人間、「聽調不聽宣」的二郎神則反是，他的半人神混血身分，以及他與天庭之間素來若即若離的關係，則預告著他是一個與諸神截然不同的對手，孫悟空就在他手下栽了大跟斗。茂作和巳之吉雖然都是樵夫，但在遇見雪女時卻有了完全不同的命運，原因就在此處。

故事告訴我們，他們所樵採的森林不比尋常，必須跨過一條無橋可走的大河，他們得搭渡船才能過去對岸。這條河一旦氾濫，橋就會被沖走，象徵著意識與潛意識之間有一道難以跨越的鴻溝，人必須捨棄固定的移動方式（亦即遠離河面的橋），改搭會在河面上變動上下的渡船，也就是藉助河水所象徵的陰柔特質才能完成這項工作。在這樣難以企及的森林裡會住著攝人心魂的妖怪，恐怕並不令人意外。

不可在人生路過度仰賴他人善意

那一天傍晚，兩人在下山的路上遇見了暴風雪。換言之，他們在逢魔時刻遭遇了人生的重要事件。好不容易來到了河邊，卻遍尋不著渡船人，他們只得捨棄回家的念頭，在河邊小屋先休息一夜。故事告訴我們，他們兩人之所以會受困在河的另一頭，原因是他們欠缺駕馭渡船的本領。一直以來，他們都仰賴渡船人的協助才能來回在城鎮與森林裡工作。好比總是仰賴父母幫出頭，或靠他們作決定的青年人最終成為老去的孩子，並在意外面前束手無策一樣。原來茂作和巳之吉沒有真的踏穩在自己的人生路上，他們兩人對自身的陰柔特質（亦即駕船方法）並不熟悉，環境的變化因此很快就把他們打回原形。我們從後文中知道，年紀大的茂作在這場意外中率先被雪女取走了性命。若從生涯的角度來看，一直在職場上仰賴他人善意或第三方協助的工作者，不也很容易成為被淘汰的對象嗎？

我有位服兵役時認識的同袍，他以前的職業是廚師，國中的時候就在附近的義式餐廳裡打工。大廚看他年紀小，破例讓他在自己身邊跟前跟後，上了高中後他選讀餐飲科，也把精通義式料理當成自己的生涯首選，餐廳的大廚偶爾也會讓他幫著煮麵、處理食材，時間一久，他自以為掌握了義大利麵的料理方式。直到畢業後去臺北，他找了另一間義式餐廳工作，他告訴我，這才發現完全不是這麼回事。煮麵、備料、擺盤等事固然他已熟習，但義大利麵的醬料他卻沒有做過。一直以來，他都是從鍋子裡舀醬料淋在麵條和其他食材上的，但醬料又是誰做的呢？是大廚，而這才是義大利麵的精髓！

對意外保持覺察方能開啟個體化

個體化這件事也是一樣的，狐仙、鬼魂、妖怪讀起來是一篇又一篇的有趣故事，而男女主角最終似乎也都能通過考驗，但當我們面對那些令人討厭的陰影時又是如何呢？那些與我相異的意識形態，與我觀點不同的政治人物，我又是用什麼態度對待他們呢？多少男人在阿尼瑪——青春少女的考驗前跌了跤？在死亡焦慮之前，我們牢牢緊抓著孩子，想要「幫助」他而過度地參與他的生活，乃至干涉了他們的人生。我們需要的那麼少，想要的卻那麼多。看到別人投資賺了錢，匱乏感就又一陣襲來，感到世界負了自己。只要一朝沒有認知到個體化的責任，未能嚴肅看待這項工作，意外就可以輕易將我們擊倒。茂作與巳之吉這兩位個體化路上的旅人就遇到了這個情況。

找不到渡船人，又不知如何操作渡船的兩人只能躲到小屋裡，年老的茂作很快就睡著了，換言之，他未對這場人生意外保持覺察，因而任憑外頭的暴風雪如何肆虐，都無法將他喚醒。巳之吉則不然，他聽著河水暴漲的轟隆聲感到非常擔憂，怎麼也無法放下戒備。從心理學的角度來看，這座沒有窗戶的小木屋象徵著封閉的自我，任憑潛意識裡的暴風雪如何肆虐，要求兩極接觸的願望如何強烈，茂作都聽而不聞，自顧自地睡去，巳之吉卻盡力保持警覺，這為他贏來了與內在女性對話的機會。

渡船人的失蹤使渡船失去了效用，這又是一個絕佳的隱喻。船在佛教傳統裡常常用來譬喻正法，《金剛經》說「汝等比丘，知我說法，如筏喻者，法尚應捨，何況非法」。船是用來渡人的，一如佛經中的文字是用來渡化他人的工具。藉由船或文字順利渡到彼岸的人將不再需要把這些工具帶在身邊，正法尚可捨棄，何況正法以外的東西呢？

當我們向內行到最深處時，就會不可免地遭遇這樣的時刻，前人的教誨，書中的指示在此時都失去了效用，或者沒有相同的情況可供類比。船夫杳無信息，渡船擱置岸邊，孤獨與迷途成了一種必然。猶如〈僧人化馬〉中為了求道而在山中迷失方向的僧侶。

半夜裡，巳之吉被門外的雪花給打醒，那緊閉的門板不知何時已被打開，只見到一位美麗的雪白少女正對伙伴吹著氣，他想大喊卻叫不出聲。女子轉身對著他準備吹氣，那一刻，他們彼此端詳著對方，良久，女子突然微笑著開口了：「本來我也想讓你和這男人同個下場，但畢竟你還年輕，有些不忍心。」然後又警告著巳之吉，要他千萬不能把今夜之事給洩漏出去，哪怕是自己的母親也不行。隨後就離去了。

雪女要求巳之吉對母親保留祕密，這是男人擺脫母親情結，獲得成長的重要時刻。果不其然，傳說的後半部中完全沒有提到巳之吉的父親，暗示著巳之吉有著必須處理的母親議題。故事總是用這樣的方法來提醒我們留心男女主角的成長任務。巳之吉一度以為這是夢境，但不久後就發現，茂作已經死去，原來他遇見了雪女。

雪女的現身：與內在少女的相遇

雪女穿著白衣，長得異常美麗。說到白衣，讀者或許會聯想到喪服吧！但在日本文化裡，白衣卻是婚禮的服飾。因此，白衣雪女的現身就有著婚姻的高度象徵。易言之，這是男性與內在女性相遇的重要時刻。雪女是帶著整合意圖所現身的妖怪。但當她出現時，茂作卻昏睡不醒，也就是說，他錯過了與內在少女相知相遇的機會。雪女奪去了他的性命，意味著茂作將失去內在少女帶來的啟蒙。巳之吉則反是，他看著雪女靠近，雪女也注意到了他，然後發現他還年輕，因此微笑地饒他一命。

年紀的重要性在此處由雪女嘴裡被說了出來，它明指著在個體化工作裡，人的年齡乃是嚴肅的限制以及參考的指標。當男人還年輕時，將內在少女投射在外在現實中的某個對象上，從而引發了愛戀的感受，進而走入婚姻。隨著年紀漸長，阿尼瑪——內在少女必須被逐漸收回，成為個人的一部分，在內在層面繼續活躍。她的活力與好奇，多變與吸引力讓男人能與生命的深層處相連，能與之保持良善互動的人就能持續體會到回春的感受。反之，如果得不停仰賴外界的真實對象才能與內在少女互動的話，麻煩就會持續不斷。從這個角度來說，茂作之所以會被雪女殺死，或許也反映著他雖已是遲暮之年，卻仍找不到與內在少女互動的良好方式。他只是閉上眼睡去，任憑靈魂枯乾。

那是個啟蒙的時刻，那個時刻既有死，也有生。有些人是在浩瀚的星空下或大海前遭遇那時刻的，有些人在靜謐的山林，更有些人是在初戀，或在其他看似普通的日常經驗中。茂作之死因此也象徵著巳之吉內在老舊自我的消逝，雪女帶走了過時的自我，同時也為巳之吉的人格帶來了新生。

天亮之後，船夫救活了巳之吉，他回去後病了很久，痊癒後便繼續入山砍柴。易言之，他在得到內在少女的啟蒙後過著「退行」的生活好一陣子，而後依舊堅定地走在個體化之路上。根據我們對傳說的了解，巳之吉必會在他日再度與雪女相逢。

果不其然，維持這個狀態又過了一年，某天傍晚他在返家路上遇見了一位少女，她長得潔淨美麗，簡單打過招呼之後，兩人結伴同行。原來她的名字叫阿雪，正要去江戶投靠親戚。但他們兩人一眼就喜歡上彼此，在情投意合的狀況下，終於在巳之吉家中住了下來，成為夫妻。

藉著另一半的存在我們認識了自己

這是巳之吉第二次與內心少女相遇，這一次，雪女不是以死神的形象出現，而是一個完美的伴侶。我們曾在〈林投姐〉中提過，伴侶之所以重要，不僅是因為他是我們相伴終身的對象，更因為人是藉著與自己相異的他極來自我定義的。我是誰？這個千古難題的另一面便是「我不是誰？」如果沒有一個與自己相異的對象，人便很難自我認識。我們不僅會藉著相異的他人來自我定義，同時也會因為相異他人的存在而使自己保持活力，使個人能展現自我。舉例來說，男性往往就需要女性來協助自我定義。很多時候女性甚至不用特別做什麼，只需要存在著就可以。

不論是在服役時，還是在任教男校的這些年都一樣，我觀察到（相近年齡）女性的出現會使男性群體起微妙的化學變化，讓男性學生或軍人願意表現出自己最好的一面。雖然不那麼敢確定，但我相信女性群體或許也是一樣的。人不僅會認同具有相近特質的對象，同時也會被具有相異特質的對象給趨向另一極，從而讓自身特質得到強化。不論男女，我們藉著另一半的存在更加地認識了自己，同時也因為同個緣故而更能在現實社會中立足、持續產出。但我們很快就會從傳說裡發現，單只有這樣是不夠的。

阿雪的美好形象也說明巳之吉已經走出了退行，並受益於在渡船人小屋中的啟蒙經歷而獲得了成熟青年人的良好生產力。這是一次從死到生的翻轉，他們的婚姻也象徵了心靈內部原先相異的孤立元素展開了「合化」（coniunctio）的煉金過程，成為一個更偉大的整體。合化被榮格視為煉金過程的核心思想，巳之吉與雪女原本一個在人間，一個在山林，他們的再次相遇終結了兩人各自的孤獨狀態，最終以婚姻的形式整合了對立。

巳之吉的母親更是對媳婦阿雪讚不絕口，直到死前都對她愛護有加。也就是說，巳之吉的內心少女與他的母親原型取得了和解，這是一個了不起的成就，也是許多傳說故事的終點。問題是，雪女傳說並未在此止步，而是繼續接著說，許多年過去了，阿雪為巳之吉生了十個孩子，某天晚上，巳之吉看著妻子做著針線活的背影時，終於忍不住透露了十八年前的祕密。他將事情一五一十地對妻子和盤托出，沒想到阿雪竟尖聲地指責他：「你看見的那個人就是我！是我，阿雪！」

承諾即是考驗

在那一刻，完美的妻子又化身成了死神，威脅著他要細心將孩子照料長大，否則他將會受到報應，而後化成一股煙霧消失不見。他與內在少女之間的承諾就是他在個體化路上的第二次考驗，如果他能遵守承諾，就能持續從內在少女處受益。傳說中阿雪為他生了十個孩子，一方面，孩子本身就象徵著希望，另一方面，我們曾在〈蛙神〉中談過，「十者，數之具也」，因此十又暗示著他人格的完整性。這是為什麼我說多數的故事在此處就會結束，因為從象徵的角度來說，當事人的生命已經取得了重要的成就。

然而在人生的前半段路上已臻於完善的巳之吉卻在此處遭遇了重大的挫折，雪女現出了原形，雖然憤怒的她想要殺死巳之吉，但卻是不可能的了。畢竟他是自己孩子的父親，因此她只能憤恨惆悵地離開。巳之吉的過失不是別的，而是失約。而他為什麼會失約呢？因為他逐漸將阿雪的陪伴視為理所當然，因而漸漸地遺忘了對雪女——內在少女的承諾。男人對內在少女的承諾是什麼？那就是永遠要平等地對待她，將她視為必須尊重，甚至敬畏的對象。

「敬畏」兩個字或許會讓很多讀者感到匪夷所思吧！

渴望被女性拯救的男性

因為我們的社會基本上是以父權理想建構起來的，女性往往被視為男性的附屬品，處於從屬的地位。何以我在此處說，男人必須尊重，甚至敬畏內在少女呢？前面已經說過，男性的內在少女連接著生命，如果沒有她，男人的生命就會變得乾枯。事實上，我們神話裡常見的男性英雄拯救少女或公主的故事在我看來並不全然是肇因於父權社會的政治宣傳，反而更像是大眾心理的補償作用。男性更渴望也更需要被女性所拯救。在親密關係陷入危機時，清一色地，我們看見男性總是仰賴女性而成長。不管前者的態度是悍然拒絕、藉故逃避，還是其他的方式，這一點應該多數的治療師都很清楚。

在潛意識裡，男性更懼怕女性。不論是因為她們的生殖能力、關係建立能力，還是釐清情緒感受的能力，這一些都讓男性感到缺乏自信。生殖能力固然已經被生理學知識所澄清，但上述其他黑暗、不明確的東西，何以能被掌握和利用？這在許多青少年的心裡都很疑惑。比起青少女，青少年普遍更容易感到徬徨不安，也更傾慕、想要擁有一段親密關係。這在他們交了女友之後，容易變得自信又焦躁的模樣可以輕易地被旁人所察覺。男性藉由擁有一段關係（或者擁有女性）來獲得自信，這與女性的心理大不相同。這說明男性的內在更加空乏且脆弱。

因此年輕男性在感情面前總是真誠的，這點請女性不要懷疑，因為他們所渴慕著的對方同時也是自己的救世主，許多純愛小說都有這類的描寫。而男性在渴望女性成為自己救主的同時，女性也可能因此樂於擔任男性的救主。兩性之間的潛意識共謀造就了這一類的故事。而沒有能力獻出自我的男性最好的自保之道是成為母親永遠的兒子，易言之，就是當個不需要長大的媽寶。斬斷母親情結如此不易，半數的男性恐怕都沒有越過這道關卡。這是為何雪女在饒恕巳之吉之後，叮囑他不可外洩祕密的原因，即使是母親也不行。對內在少女失去敬畏之情是許多中年男性的通病，他們把年輕女性視為可以購買的物品（這不正是性騷擾的主因？）運用自身權勢展現他們的優越並加以迷惑。而中年後的巳之吉對雪女告誡的遺忘就象徵著他已逐漸失去了年輕時對待女性態度的那種真誠之情。

我們在這裡看見了個體化之路的各種困難，正當我們的前半生順風順水時，輕忽的態度又將使人陷入低谷，而此時巳之吉的年紀正當中年，也就是三十六歲，然而他過往的努力並不會因此全然白費。這點從雪女離去前的話語就可看出來。她說：「看在孩子的分上，事到如今，我也不能殺你了。」換言之，雪女的致命性質已經褪去，同時她又要巳之吉善待孩子，也就是持續地關注個人內在的生活。

重返渡船人小屋：巳之吉後半生的任務

十八年前的夜晚，他初次與雪女相遇時就得到了啟蒙，那是一樁介於夢境與真實之間的心理事件。與他同行的茂作沒能把握這次機會，傳說因此以死來象徵他不再有其他可能性的人生。而後巳之吉遇見了阿雪，生了十個孩子，用現代的語言來說，他擁有一個具有高度創造力的十八年，而所謂的十個孩子可以是寫了多本新書，取得了學位，創立了自己的公司，攢錢為家人買了間房子，或完成了其他意義重大的挑戰。然後某個夜晚，阿雪又離去了，這是巳之吉遇見中年危機的時刻，新的挑戰於焉來臨。然而這一次他不會是重頭開始，而是可以帶著過往努力的成果繼續往前，因此我們不能斷言這是個體化之路失敗的結局。

故事的結尾雖然說，後來再也沒有人見過阿雪。但這是真的嗎？雪女仍舊住在大河對岸的那片森林，她的十個孩子難道都未長著母親的臉孔？當巳之吉凝視著他們時，必然也會在他們身上看見妻子的神情，這都會提醒他重新憶起年輕時的真摯。許多人在中年危機後的追尋並不是必然在追尋別的什麼，而是在追尋前半生曾帶給他震撼的某一刻。以雪女傳說來說，巳之吉後半生的任務就是要重返年輕時的那間渡船人小屋，他得要在那裡重新遇見阿雪，那是他與內在女性相逢的神祕時刻。那時刻蘊含著生與死，蘊含著使人一再回返的永恆願望。

渡船人小屋就在那裡，而我們要做的，是勇敢地再次進入那片下著大雪的森林、砍柴，在黃昏時下山，如果我們夠幸運，就會再遇上一場暴風雪。那時渡船人將會離開他的工作崗位，而我們將被迫留在那間沒有窗戶的小屋。記得留意門外的風雪和漲滿的河水，非到不得已時不要睡去。然後當你再次醒來時，或許你就會看見一位穿著白衣的美麗女子⋯⋯。

客人渾身冒汗，上氣不接下氣地躲在樹後。突然女屍向前一撲，從樹幹兩側伸出手來抓他，客人嚇得跌倒。

四、屍變（中國・《聊齋誌異》）

故事大綱

有一個老頭，住的村子離縣城有五、六里遠，他和兒子開了一家旅店，留宿過往的商人。

有幾個趕車的人來來往往地販運貨物，時常住在老頭的旅店。某天黃昏，四個車伕一起來到店裡投宿，但老頭的旅社裡已經住滿了客人，不得已，只好告訴車伕們，他的兒媳婦剛去世，屍體停放在外頭的一間小屋中，兒子出門購買棺木了，還沒回來。要是真的不介意，就先在那裡住下吧！客人們只求有地方能住，哪還能管那麼多，因此也就答應了。

那小屋位處偏僻，四周很安靜，老頭帶著客人進入小屋，只見桌上點著一盞昏暗的油燈，後面掛著靈堂的幃幛，一床紙蓋在死者身上。再看臥室，裡頭有一張大通鋪，四個人一路奔波已經累極了，剛躺下不久，就鼾聲大作起來。

有個客人還在半夢半醒之間，忽然聽到靈床上發出了「咖擦」的聲音，他睜開眼睛看去，靈床前的油燈把四周照得十分清楚。只見那個女屍揭開了身上的紙被坐了起來，下床之後，慢慢地走進了臥室。她的臉是淡黃色的，額頭上繫著一塊絹布。她俯下身來接近床前，逐一對著睡著的其他三個人吹氣。

還沒入睡的客人此時已驚恐萬分，害怕女屍對自己吹氣，於是偷偷拉上被子把頭蒙上，摒住呼吸聽著外面的動靜。沒過多久，女屍果然走了過來，對著他吹氣。不久後，他認為女屍已經離開了，又聽見了紙被發出的聲音，這才把頭探出來偷看，只見女屍已經如原來那樣躺回了原位。他很恐懼，偷偷地用腳踢著伙伴，想叫大家起床，但他們卻一動也不動。他左思右想，實在無計可施，正要穿上衣服逃走，又聽見紙被重新被拿了下來。他再度把頭藏進被子裡，感覺女屍又走回了他身邊對他吹了好幾次氣。不一會兒，他聽見靈床發出了聲響，知道女屍又躺回去了。因此慢慢地從被子裡伸出手來，拿著褲子穿上，然後立即光著腳逃走！

女屍此刻也跟著坐了起來，客人打開房門飛奔，女屍也在後面追。客人邊跑邊叫，但村裡卻沒人被驚醒。他本想去敲店主人的門，但女屍速度甚快，他根本沒辦法停下來，只得朝著縣城而去。跑到了城外東郊後，望見一座寺廟，廟裡傳來了木魚聲。他趕忙叩廟門求救，寺中的道士很驚訝，一時間也不敢開門。此時女屍距離他只剩下一尺遠了，他沒辦法只得躲在廟門的大白楊樹後面，那樹幹有四、五尺粗，女屍往右追，他就往左跑；女屍往左追，他就往右跑。女屍變得惱怒，但也沒辦法。

雙方漸漸疲乏了。女屍停下來站著，客人渾身冒汗，上氣不接下氣地躲在樹後。突然女屍向前一撲，從樹幹兩側伸出手來抓他，客人嚇得跌倒。女屍沒抓著，竟這樣抱著樹幹漸漸地變得僵硬。道士躲在廟裡聽了很久，直到沒有聲音了才走出來。只見客人躺在地上像死去了一樣，將他背回廟裡，才慢慢甦醒過來。客人一五一十地把事情說了，這時天色漸漸明亮，道士前去察看白楊樹，果真見到一具女僵屍，於是趕緊報告知縣。

知縣親自前來察看，讓人把女屍的手給放下來，但因為插得太牢了，怎麼也掰不動。原來她的指甲連同手指頭像鉤子一樣，已經深深地嵌進了樹幹內，好幾個人上去用力拔，才終於拔出來。樹幹上留下的洞就像鑿子打出來的，令人觸目驚心。

知縣派人前去老頭家探聽，那裡正因屍體不見，客人暴死而亂成一團。差役向他說明了原因，老頭便隨著差役前往，把屍體給搬回家中。

生還的客人對著知縣哭訴：「我們四個人一塊出門，現在只有我活著回去，家鄉的人怎麼會相信我呢？」知縣於是寫了一份文書，證明真有屍變一事，贈給他一些物品後就讓他回家了。

故事解析

妖怪因亂而生，而不具人性的僵屍則常被認為是有外物憑依屍體之上才造成的怪異現象。這具徒存其形，卻無其裡的屍體一夜之間竟然連取三人性命，不管從什麼角度來看，都相當驚悚！

僵屍傳說並非自古有之，而是從明清兩代開始逐漸流行起來。對於僵屍的成因，清代的筆記小說《閱微草堂筆記》似乎是最早記錄僵屍種類與成因的文獻，作者紀昀提到，僵屍有兩類：一類是剛死尚未入殮的，會忽然跳起來傷人；一類是久葬不腐，變形成鬼怪，有時夜裡出遊，見到人就抓。關於成因，作者認為，可以肯定的是這並非逝者的亡魂為虐，否則怎麼會連自己的父母子女都傷害呢？因此應該是有其他邪物附著其上才導致屍體變成了妖怪。而另一種可能性則是魂屬陽，死後歸於天；魄屬陰，死後入於地。魂善魄惡，魂靈魄愚，當魂散去之後，魄仍未離去，所以才控制著屍體害人。

夢境中的身體意象與自我認同

我們驅使自己的身體，看見自己的身體，同時也覺知著自己的身體。它奠定且影響著我們的自我認同，而身體的變化，往往就象徵著我們認同的變化。在《故事裡的心理學》上冊中我曾寫到，《愛麗絲夢遊仙境》的小愛麗絲在自己的夢裡歷經了十二次的身體變化，忽大忽小，這是孩子正從兒童期過渡到青春期時的常見夢境。原因無他，正是由於身體被我們的心靈視為個人主要意象的緣故。

在因遭逢意外而截肢的案例報告裡，即使當事人在意識層面上很清楚自己的肢體已經被截去，但大腦卻不見得這麼想，常常出現已喪失的肢體感到僵硬不適，甚至持續疼痛的情形，這在臨床上被稱為「幻痛」或「幻肢痛」。患者感覺自己失去的四肢仍舊跟著軀體移動，乃至產生劇痛，似乎心靈還未能完全接受這個現實。我的母親在四十二歲時出了嚴重的車禍，導致她成為重度殘障，僅剩右手可以活動。但在她接下來二十餘年來的許多夢境裡，自己卻仍是一個能健康行走的人，彷佛未曾發生這場意外一樣。

其他如車禍夢、支解夢，或者燒傷夢，以及其他有關身體意象發生變化的夢，只要細心留意，都能從當事人的生活狀況裡發現某些舊事物正逐漸瓦解的徵象。在〈飯甑怪〉中我們曾提及房樹人測驗，當事人所畫的「人」常常就象徵著自己，因此畫中人物的肢體是否均衡，性別是否與畫者一致，人物的大小、以及是先畫臉孔五官還是軀體四肢等，都有不同的意義。這些事例都充分說明了身體意象與自我認同之間千絲萬縷的連繫。

僵屍：失魂與有害的退行

而僵屍又象徵著什麼呢？

我們過去曾經多次提到「退行」這個心理學概念，榮格用它指稱一個人格在得到進展之前的內縮時期。當事人的生活功能可能在此時期變得退化、價值觀也陷入混亂，但最終卻帶來了治療以及人格提升的作用。

然而不可諱言的是，退行也可能長期而有害，甚至無法成功克服，遑論帶來有益的成果。我們文化裡也用「行屍走肉」來形容失去了原有認同或信仰，從而變得失魂落魄、灰心喪志的人，而本則傳說裡的僵屍，正是象徵著這個有害的退行。

在缺乏他人的支持與專業的介入下，當事人終於完全失去了掙脫的力量，任憑自己處在混亂中毫無辦法。死亡的意象如此強大，人格遲遲不能重生，或者重生復原的過程屢遭打斷，活人終於讓自己化成了僵屍。

可令人遺憾的，僵屍並不總是那些看起來對生活沒有責任感，對未來毫無頭緒的人。從心理學的角度來看，僵屍也很適合用來稱呼那些在退行中沒有充分浸泡在潛意識裡，就急著中止症狀以適應社會的人，或自始至終就將人格面具視為個人的全部，從而不覺得自己有任何問題的「成功人士」。

他們的「魂」，亦即心靈的陽性面或許成功地適應了現實，但這樣的成功，也使他們的魂離開了肉身，飛向了理想的天際，只留下「魄」依舊忠誠地守護著他們的身體。易言之，是一種生命態度的「分裂」。這麼想來，僵屍之所以會出現，不正是心靈的陽性面自負地捨棄了我們身體的緣故嗎？

我們的意識緊抓著一切可以讓「我」看起來更膨脹的東西，學歷、收入、房地產、子女或個人的成就。心跑得愈快，象徵著陰性面的身體就愈疲憊，最終後者成為了我們的工具，被這樣、那樣地要求著滿足「心」的種種慾望。如要看起來瘦一點，要再多工作兩個小時，要追完劇再睡，要等有空了再運動健身等等。我們何嘗跟自己的身體同在過？這樣的心身分裂或許才是僵屍橫行的主因。

憂鬱症旅人與車伕的象徵

一對父子在縣城外的大道上開了一間旅社，供來往的旅人們居住。旅人象徵著我們穿梭不停的念頭，供其居住的旅社就是我們的心，而老頭與兒子的工作就是負責照管這顆變動不居的心。

有四個車伕是這裡的常客，有一回路過此地時恰巧遇到滿房，老頭實在沒有辦法，只得問他們是否願意改住客棧外頭，位處偏僻的停屍間裡休息？車伕累極了，管不上這些，因此就答應下來。作為常客的四個車伕不是別的，他們代表的正是那些最常縈繞在我們腦海中的各種事，以一般常見的說法而言，就是名、利、情、義。但若用深度心理學的角度來看，他們則象徵著我們四種不同的心理功能。或者以曼陀羅的意旨來說，這四人意味著完整。

老頭的兒媳婦剛死，屍體還未下葬，暫時停在小屋布置成的靈堂內，我們因此可以看出傳說裡暗示著陰性能量正在我們的整體人格中消退。一方面，傳說對老頭的妻子不置一詞；另一方面，則告訴我們他的兒媳婦過世了。這使傳說成為了一則沒有女性的故事，易言之，沒有「魄」的故事。

前面提到，魂屬陽，魄屬陰。它們是心靈中分屬男性與女性的能量。魂屬天，魄屬地，更清楚地點出了魂嚮往著天空、高處，是人格中趨向行動的積極力量；魄則反之，它嚮往著大地、深處，是人格中趨向靜止的穩定力量。

理解憂鬱：退行也是人格擴張前的準備階段

在陰性能量消失，亦即故事中唯一的女性死去之後，兒子則出外購置棺木未歸。事實上，這個角色在故事裡就此消失，僅剩老頭負責處理善後。這強烈暗示著象徵新生人格的兒子隨著陰性能量的消失而不知所終，我們的心靈已經到了窮途末路，幾乎無可挽回的時候。

退行是意識要再行擴展時所面臨的、不得不的結果。如果我們的意識不先行解組，就無法同化那些原先與之相異的元素。因此親友的憂鬱症狀有時不應被我們理解為一種沉淪與倒退，反而應該被我們視為人格即將擴張與進化的準備階段。若能這麼想，或許我們就能對憂鬱症有更完整的視角，同時也能給憂鬱症者更好的陪伴。然而不是每次退行都能帶來好的結果，這點我們也應當嚴肅地承認。

兒媳去世，兒子未歸，然後是作為「心」的旅社客滿，再也無法容納其他客人，哪怕是那些平常最為我們關注與費心的念頭也是如此。這象徵著自我功能正在失靈，生活也隨著停滯不前。這就是為什麼象徵著腦海執念的車伕們突然發現這間平時住慣的旅社突然間無法再容留他們，逼得他們必須往偏僻處的靈堂移動，借住在停屍間內。

地處偏遠的靈堂象徵著潛意識深處，換句話說，當一個人的退行階段來到最深處時，原先的關切也不再能吸引他的注意力。車伕不再有房間可住，功課、親人、金錢、學位、興趣也一一被他拋在腦後，甚至所有的心理功能都跟著沉浸入了潛意識底層，直到那陰性能量消失之處，僅剩惡與愚的「魄」存在那裡，等著變成僵屍，殺人作怪。

現實的生活裡很難允許我們有獨自療傷的空間。帳單、工作、客戶、孩子、論文，甚至桌上沒看完的書，這些責任壓得我們喘不過氣。受了傷的人格，待復原的心靈，卻需要我們全心地陪伴，而成人世界裡，這些陪伴卻是極度匱乏的奢侈品。

學生告訴我，上了大學後再也找不到任一個可以供他隨時停留駐足的辦公室，可以供他隨時傾吐心聲的老師。雖然我的回答千篇一律：「去找學校的心理師預約談談啊！」但我們都很清楚，那所代表的意義截然不同。預約是有限制的，這跟高中階段他們所受到的心理與情緒照顧品質完全不同。

這就是長大的代價，也是成人社會的辛苦與殘酷之處。我們被迫分心處理自己，被迫分裂以同時應接外物與內心的不同索求。

追與逃：認同本能還是逃之夭夭？

深度心理學相信，不論男女，我們內在的陰性面向連結著生命本身，而今它卻成為了一具死屍。車伕們躺下床後，另外三人都睡著了，獨有一個車伕還在半睡半醒之間。易言之，除了當事人的優勢功能還維持著運作以外，其餘的心理功能在退行中已然失去了作用。那車伕恍惚間聽到了聲響，張眼一看，那死屍竟然掀開了紙被站了起來，還逐漸走近分別對著他們吹氣。他怕得叫不出聲，只能把頭蒙在被子裡躲著。那僵屍隔著被子對他吹了幾口氣後就回到了原位躺下，他踢踢其他朋友們，竟然毫無反應。易言之，他們全死了。

原先的四人死三存一，這破碎的意象意味著完整的失去，因此這是人格面臨崩毀的重要時刻，原來陰性能量並非消失，而是在長久的漠視下轉成了惡一般的存在。它成為了僵屍。一如古人所斷言的那樣，魂離開了身體，魄卻依舊待在原處，從而成為了身體的唯一主人，這便是僵屍的成因。待僵屍發覺車伕沒死，再度起身對他吹氣後，車伕終於看準時機拔腿逃去，僵屍亦緊追不捨。雙方陷入了令人恐懼的追逐。

人在這樣的時刻裡，或者認同了只剩本能的僵屍，盲目地追逐著權力慾望與生存的資源，死死地想要抓住任何一個目標不放；或者成為了直打哆嗦，蒙頭不看，最終逃之夭夭的車伕。這一追一逃之間，道盡了多數現代人在個體化之路的唯二選擇。

發臭的女屍與深陷死地的心靈

緊抓著不放手的女屍或許帶有一種復仇的意味，因為她是被我們遺棄在最深處的面向，被嚴重錯待的生命之源。女性意象本代表著生育與滋養，但此時的僵屍卻已完全喪失了生命的氣息。在日本神話裡，伊邪那美因難產而死，丈夫伊邪那岐決定往黃泉找尋妻子，卻在看到她腐爛發臭的身體後逃離黃泉。因生育而死的女性本來就高度地象徵著生死對立的矛盾，丈夫鄙視著這樣的自己與身體，更是將她推向了復仇者的角色，伊邪那美因此在追殺丈夫未果後發誓，每日都要殺死一千名國人，從此成為冥府女神。

雖然神話與傳說不約而同地用了這麼鮮明的意象在指涉人如果錯待了自己的生命，心靈將會變得如何可怕恐怖。但多數的現代人並不明白這個，他們仍然執著於外在的「生」，哪怕自己的心靈已因此深陷於「死」。

錢賺愈多愈好，稅繳愈少愈好；自由愈多愈好，責任愈少愈好；刺激愈多愈好，無聊愈少愈好。對社會「適應」得愈成功，我們有時就弔詭地離「完整」愈遠。完整不可能只包含成功這個面向，它必得涵蓋成功的另一面。因此，失敗、受苦、遭輕視，同樣是協助我們走向個體化的助手，此點不得不提。成功雖然是人之所欲，但它同時也會使人與現實太過接近，甚至很常見的，是使人誤認自己就是現實本身，誤認成功的生活就是真正的現實。因此我們才會頻繁看見以成就而非存在本身來自我定義，或狂妄地將自己的重要性凌駕在他人之上的事情發生。

只顧蒙頭不看，而後拔足狂奔的車伕象徵著失控的優勢功能，他是退行失敗後的另一種極端表現，當事人僅剩下原先熟悉的生活向度，此外一無所有。他們的自我猶如失控的汽車，無法克制地載著絕望的乘客向前奔跑。各種飛行器失事或汽車故障的夢，也都有類似的意涵。

很遺憾的是，縱使當事人的優勢功能被使用得再怎麼有效率，此刻都無法逃離女屍的追趕。車伕沿路喊叫，村裡卻無人回應。這充分地說明了，失控的優勢功能如何讓我們陷入了孤獨無依的境地。我們的內在悄然無聲、失去生機，猶如無法驚醒的村人，自我只能任憑恐懼佔領，不斷地奔跑。女屍追趕速度之快，連路過老頭子的家，車伕都沒辦法停下來敲門。也就是說，此時的自我已太過老舊，根本成不了事。而那些中年後開始感到不對勁的人生，往往就從夜裡被無名怪物追趕的夢境開始。

樹的心理學象徵

終於車伕望見了一座寺廟，廟裡傳來了木魚聲。他死命敲著廟門，裡頭的道士卻疑懼著不肯開門，他只得繞樹而跑。寺廟與道士總是象徵著我們的自性，比起〈畫皮〉中拿木劍斬鬼的勇敢道士，這則傳說的道士卻躲在廟裡敲著木魚不肯出來，讀到此處，不禁使人莞爾一笑。木魚畢竟是佛家的法器，跟道家無涉，很明顯地，敲著木魚的道士本身就是一個冒牌貨，所以他怎麼肯在夜裡為陌生人捉妖呢？因而此處的寺廟雖然象徵著自性，裡頭的道士卻是潛意識所開的玩笑。它給了車伕一個不會被滿足的願望，目的是要車伕別再跑了，停下來看看門口的大樹吧！

果不其然，敲門求救的車伕見僵屍已經迫近，只得繞著門口的大白楊樹左閃右躲。白楊樹的樹幹一般不特別粗，但這棵白楊樹卻有四、五尺合圍，可見其年代之久。樹在深度心理學裡被視為個體化的重要象徵，在房樹人測驗中，當事人所繪的樹也被我們解讀為他的自我形象、精神樣貌、個人生命的縱貫發展歷程與期待，它往往表現出個人的成長歷程。樹幹是否寬厚筆直？還是向側邊傾倒？有窟窿嗎？是否結果或開花？樹根、樹枝及樹冠的表現型式為何？這都是分析者在解畫時的重點。

這段繞樹跑的描述展現了高度的治療意味，不論是對僅剩生存本能的僵屍還是僅存優勢功能的車伕而言都是如此。雙方在這樣你追我跑的來回繞行中漸漸地疲乏了（僵屍竟然也會累？），這象徵著原先只懂得向前走、往上爬的當事人終於停下了腳步，回頭以圓行環繞的方式親近自己的內在生命。分析師諾伊曼曾為我們指出樹與女神之間的強烈關連性，大白楊樹就是這則傳說裡出現的第二個女性象徵，也是唯一具有生命的女性象徵。重要的榮格派分析師法藍茲非常偏愛樹，我個人也是如此。

退行之所以長久停滯，遲遲無法進入下個具有整合與創造性的階段，往往就跟當事人無法象徵性地「繞著內心的生命之樹而行」有關。先前談到的伊邪那岐與伊邪那美這對夫妻神，他們本是奉天神之命下凡創建國土，後來雙方愛上彼此，約定好一左一右繞著「天之御柱」而走，見面後才開始行房事。這段描述就暗示著繞柱而行（這裡的柱相當於「樹」的含意）是神聖的儀式，而男女要結合之前，必先親近由樹所象徵的內在生命。禪師們留下了各種公案，提醒修行人必須返還「自己」這個神聖的中心。是以六祖慧能才留下名句「何者是你本來面目？」

遭到社會遺忘的失聯退行者

終於，雙方繞到累了，也就是對內在工作付出了必要的功夫，但女屍卻很氣惱地將雙手叉向樹幹想抓住車伕，手指因此深深地卡在樹幹中拔不出來，車伕也被嚇得昏厥了過去。廟中的道士這才打開大門，將車伕背了進去，他醒來後一五一十地把事情說了，此時天也漸漸明亮，道士果真在樹旁見到了僵屍，他趕緊報告知縣。眾人無不驚駭！

女屍的奮力一搏讓自己的雙手被卡在白楊樹上，最終失去了行動能力。她意欲毀去的東西不是別的，就是自己最後的重生機會。手指留在樹幹上的窟窿象徵著她個人生命的嚴重創傷，以致於本能完全宰制了她，這樣的退行者將會失去人生的全部可能性，變得利欲薰心、不安且貪婪，又或者變得乾枯失神、成為家人的沉重負擔。在社區諮商的場域裡我們難免見到後者這樣的案例，他們的親人因此陷於難以言喻的悲傷與痛苦，最後他們的結局就是遭到遺忘。他們不再出席家族聚會，迴避同學朋友的邀約，然後斷絕了與父母手足的聯繫，從此不知所終。一如傳說裡的殭屍最後由老頭子出面領回，既沒有提到女屍的結局，也未提及兒子的下落。雖然原因各異，但多數重返社會無果的退行失聯者也面臨同樣的處境。

真實社會的小人物

人生是一場接續不斷的冒險。讀者必定明白，在這場冒險裡，沒有任何一套方法與技術可以確保一輩子受用。我們遭遇挑戰，然後停頓、迷惘、進化、成熟，接著又遭遇下一場新的挑戰。在神話裡，賽姬公主為了尋回丈夫丘比德，不得已接受了她的婆婆愛神阿芙蘿黛蒂賦予的四項任務，這些任務一個比一個艱難，每個都讓賽姬想要尋短。個體化從來都不容易，成功者如賽姬，她從此受封成神；失敗者如女屍，既害己又傷人。

同樣是繞著內在的生命之樹而行，幸運的車伕則逃過了一劫。在那個可怕的夜晚，他面對了心中的恐懼，雖然一度昏厥，卻終於熬到了天亮。這也是許多退行之人的真實感言，在長久的躲避之後，膽小的他們終於為自己勇敢了一回。這當中雖沒有太多可被稱作英雄行為的元素，但車伕畢竟穿上褲子丟開了棉被，果決地逃離了僵屍，又在廟門口的大樹後與僵屍展開了對峙。他不是什麼英雄，而是真實社會裡的小人物。

真實的人生往往如此，真實的人生也只會如此。多數的我們都得孤身上路，既欠缺父母長輩的資源，又沒有手足兄弟的幫助。許多靠自己的努力生養小孩的雙薪家庭便是這樣，他們在現實的巨大夾縫裡努力地盡著責任，當中的生活既不浪漫，也毫無美感。因此社會中每個努力生活的小人物都值得我們的尊敬

我們不能說當事人從此就將一帆風順，一如車伕的返鄉之路仍舊艱辛。但他死裡逃生的那一刻，想必鬆了口氣。他向知縣哭訴，四人離鄉，僅有一人返還，無論如何都很難說服鄉里人接受是僵屍害死了其他伙伴。知縣寫立了一紙文書作為證明，又送了一些財物鼓勵他回鄉。退行者的親友以及整個社會亦應如此，請一起鼓勵他們，如果可以，適度地在各方面支持他們，使他們能在黑暗的日子裡，為自己覓得多一些重返光明的勇氣。

慈愛與自覺：屍變傳說的心理學智慧

僵屍傳說真正的警世之處即在此處，我們在成長的過程裡難免會遇到困頓，而想要順利度過退行階段的成本對每個人來說都是不相同的。社經背景不可免地決定

了我們可以擁有多少資源與時間來應對這樣的苦。人是關係中的人，在這個繁複交織的網絡裡，任何一個人受了傷，都會讓集體心靈變得黯淡。個體化並不是追求卓越，而是追求完整。而作為一個人，我們自身的完整只有在盡力懷抱著對社群與未來的責任意識上才可能實現。

我並不是要推銷不切實際的倫理學，相反地，我所指出的乃是基於臨床上的事實。那心中能容納更多他人者比起僅有狹隘自我意識的人更為幸福，那心中對社群未來有著更大的倫理自覺的真誠之人，往往也更能體會與把握自身的存在。而對存在的體會與把握乃是靈性之源，能親近自身靈性之源的人從沒有自私的。他們對他人慈愛，也對自己慈愛，他們謹慎使用自己的權力，因此對世間的不義更為敏銳。事實上，從所有方面來說，他們更像一個「人」。而與之相對的，不是僵屍又是什麼？

屍變故事所談的因此不是屍變，而是心死。心死之人即成僵屍，這樣精準的描述真讓人不得不讚嘆傳說所蘊含的心理學智慧。

五、野狗

（中國・《聊齋誌異》）

故事大綱

于七作亂時殺人如麻，鄉人李化龍從山裡躲避返家時，正巧碰上官兵在夜裡行軍移防。他怕官兵清鄉屠戮百姓，慌忙中找不到地方可躲藏，索性躲在死屍堆中詐死。官兵過去後，他也不敢貿然爬起來。

這時，他忽然看見斷頭缺臂的屍體紛紛站了起來，多得好像一片樹林。其中一具屍體身上的斷頭還連在肩膀上，嘴裡說著：「野狗要來了，怎麼辦？」其他屍體也都彼此應和說道：「怎麼辦？」不久後，他們又忽然仆倒在地，變得寂靜無聲。

李化龍驚駭間正想起身離開，有個怪物就來到了這裡。那怪物長著野獸的腦袋，人的身體，趴在那裡啃人頭，一個接一個地把人的腦漿吸乾。李化龍怕極了，把頭藏進屍首堆中。怪物來到李化龍身邊，撥著他的肩膀想把腦袋找出來，他使勁地往下鑽，讓怪物找不到。怪物於是推開了覆蓋在上面的屍體，李化龍的頭終於露了出來。他很害怕，就用手在腰下摸索著，結果讓他找到了一塊碗大的石頭，他用手握住了石頭。怪物伏下身來準備咬李化龍的頭顱時，李化龍奮然跳起身，大聲叫嚷著向怪物的腦袋猛擊過去，打中了怪物的嘴。怪物叫了起來，聲音像貓頭鷹似地，摀著嘴負傷逃走，血吐在路上清晰可見。

李化龍前去察看，在血中撿到了兩顆牙齒，牙齒中彎，尾處尖銳，有四吋多長。李化龍將它放在懷中帶回去給眾人看，大家都不知道那妖怪是什麼東西。

故事解析

戰禍對集體心靈的創傷

野狗是一個長著獸首人身的妖怪，喜歡吸食死屍的腦漿，本篇故事中，就連僵屍也非常懼怕這個妖怪。傳説告訴我們，牠出現在戰亂地區，在夜裡行走，此外沒有再透露多餘的訊息。

事實上，獸頭人身的怪物普遍出現在各地的神話傳説裡，這樣的形象往往透露出人性已瀕臨失控的意涵。拉馬什圖（Lamashtu）是兩河流域的古老神祇，在美索不達米亞神話中有著重要地位，她是天空之神的女兒，會為人類帶來疾病、瘟疫和死亡。拉馬什圖長著母獅或鳥頭，雙手都抓著雙頭蛇，雙乳哺育著野豬或豺狗。在傳説裡，她會殺死孩童，傷害產婦甚至使孕婦流產；同時會偷走嬰兒、啃食嬰兒的骨頭並吸乾他們的血液；製造夢魘，使樹葉枯萎，讓河湖乾涸。人如果想避免她帶來的災禍，就必須要向另一位掌管暴雨及乾旱的風魔王帕祖祖（Pazuzu）祈求保護。

惡神與妖怪之所以會啃食人類的頭顱，原因並非真有什麼怪物，其所反映的我想是痛苦與戰禍為集體心靈帶來的創傷吧！這麼可怕的妖神是我們內在黑暗的投影，人用來抵禦創傷的理智已經崩潰，妖怪貪婪地吸吮著嬰孩乃致死屍的腦髓，又化身成我們夜晚的惡夢。

另一個知名的狗頭人身神則是埃及神話中的阿努比斯，他是重生之神歐西里斯之子，他向人們傳授了木乃伊的製作之法，負責護送死者前往冥界。他的顏色是黑色，被視為屍體黑化後的顏色，也象徵著尼羅河的沃土。也就是說，他是死亡及重生之神。看來同樣是獸首人身的妖怪，其文化意義也可能天差地遠。

人類的心靈是強大的幻影製造機，當那些被否認的事物再也不能忍受時，它們只能被投射出去，否則心靈將會失衡，使人陷於瘋狂。這麼說來，對創傷與黑暗的投射實則也是種保護機制。如果擔心死屍會引來野狗的覬覦和啃食，那麼活人就不應該製造無端的災禍，從而就能透過恐嚇來維持該地區的平和。這也是為什麼若想要阻絕拉馬什圖的造訪，美索不達米亞人就得轉向魔神帕祖祖祈禱，而非向她的天神老爸祈求保護的緣故。易言之，善無法阻絕惡，只有惡能擊退另一種惡。我們若拔除孩子惡的天性，無異於讓孩子從牧場走入叢林，卻不為他準備任何可以抵禦的武器。惡雖然令人畏懼厭惡，但其卻具備了適應性的功用。日後我在《神話裡的心理學：惡與陰影》中會繼續討論這個問題，這裡不再贅述。

神祇形象的瓦解意味著人類中心地位的瓦解

人的心靈好比一個廣大的容器，妖魔鬼怪都在那裡藏身。當自然界依舊保持神祕，還能允許我們投射內在的黑暗時，我們與自然取得了相對和諧的關係。也就是說，自然透過其神祕保護了我們。一旦高山大海被我們一覽無遺，這顆星球上再也找不到任何一吋陌生的土地，神祕也跟著喪失時，我們就得被迫與內在的黑暗共處，而這點是現代人的心靈之所以敏感、易病的原因。不得已之下，黑暗被投射進了更大、更遠的地方——整個宇宙。

克蘇魯神話之寓意

各宗教中的神祇無不具備著人的臉孔與形象，從心理學的角度來看，這是人將內在的神聖完整性投射於外的結果。然而人一旦認識到自己並不居於宇宙的中心地位，隨之而來的就是神聖形象的瓦解，其同時意味著人格完整的瓦解。這便是為何以洛夫克拉夫特（Lovecraft,1890-1937）為首，創作於二十世紀初的克蘇魯神話故事群會進入當代人的生活，並逐漸成為了我們的夢境。

大量的電影與小說都取材自克蘇魯神話，描述那個來自外太空的古老醜陋神祇，他們建造的巨大城市既不符合歐基里德幾何學，所有的線條也都是不可理解的錯誤。人在那當中只能爬行，無由確認自己與海平面之間的關係。究竟是向上還是向下？那由神祇所居住的洞穴所傳來的黑暗與所有物質、力量和宇宙法則完全相斥。在克蘇魯神話裡，神是巨大且醜陋的怪物，而人是他的奴僕，甚至是食物。人的自信與尊嚴就此喪失，這是一個我們不得不去正視的現象。

異星文明與外星生物的存在幾乎已是所有人不願承認的共識，但其帶來給人的並非謙遜，我們依舊貪婪並且短視近利地詐取這個星球的一切。我們的外在生活愈被「文明」馴化得井然有序，我們的內在生活就愈混亂失序。克蘇魯神話的成功絕非偶然，小說家提前預見了一切，猶如每個世代的傑出詩人那樣。該神話讓我們知道，人格核心一旦瓦解將會迎來多麼恐怖的遭遇。它使我們，也就是所有的深度心理學家都必須繼續開拓「惡與陰影」的篇章，同時更展現了潛意識的廣大。人的心靈自成一個宇宙，此言絕非空話。

宇宙的空間超過了我們的想像，它沒有中心，沒有邊緣，它的過去與未來也似乎無從理解。在自然科學「發現」了物理宇宙的同時，我們的心靈迎來了一次劇烈的變化。人的中心地位就此打破，宇宙間有著無數跟我們相似的星體，人不過是藉著某種好運而寓居在地球上的卑微住民，從此後我們再也無法自比為神。

東西方心靈的交會：野狗形象的倒退

比起妖神拉馬什圖，妖怪野狗更為原始，因為前者雖然恐怖，但其仍是神明之女，但後者卻在黑暗中的屍堆裡覓食，就連僵屍都聞之喪膽。易言之，在野狗傳說裡，我們看不見絲毫神聖的事物。這件事很值得喜歡妖怪主題以及心理學的讀者朋友注意，因為那可能是人類心靈即將迎來變局的預備。為什麼呢？《聊齋誌異》成書於十七世紀，在科學史上，那被稱為「天才的世紀」，遠在英國的牛頓於該世紀發表了萬有引力以及古典物理學的三大定律，工業革命也即將自歐洲誕生。我認為這兩件看似彼此無關的事，或許透露了重要的心理學意義。怎麼說呢？

人類的心靈底層乃是一個互通有無的廣大資料庫，榮格將之命名為「集體潛意識」。野狗這個「食妖之妖」會在此時橫空出世並非偶然，牠翻找著屍體，一具具地吸乾他們的腦髓，這樣的恐怖描述在目前所知的中國妖怪圖譜裡可能找不到相似的案例。中國的道教神話在十五世紀左右已經達到了頂峰，《西遊記》記載的妖怪琳瑯滿目，但其基本上都已被編織進古人的倫理安排。這是一個從心理學角度來說了不起的成就，象徵著人類心靈中的善與惡已經取得了相互的理解，並遵循著更廣大的規範。

而野狗的現身打破了這個局面，從妖怪的形象與文化意義來說是一次突兀的翻轉。此時誕生於歐洲的自然科學即將在不久的未來取得壓倒性的成就，將人與自然的關係全面翻轉。遠在歐洲發生的事件，透過集體心靈中的暗流影響了東方，讓古代中國對妖怪的描述突然出現了大幅度的退化，變得更加黑暗。易言之，這或許是東方人心靈即將產生巨變的預告，這便是野狗傳說額外值得注意之處。

唯有個人的「行動」才能獲致救贖

回到故事來談，接連的戰亂剝去了人們最後的信念，就連理應保護人民的官兵也成了匪寇一般的存在。官府與官兵象徵著理性與秩序，而李化龍逃避官兵行軍的行為，就是人在退行時失去原先價值與認同，對理性和秩序失去信任的表現。半人半獸的野狗因此意味著被我們否認與拒斥的自我漸漸地與黑暗混同，從而成為既是人又不是人的妖怪形象。

野狗啃食掉了每一個在退行時跌跤者的腦袋，李化龍本該也是其中一個。但悶著頭躲避的鴕鳥心態不可能打發我們內心的陰影，野狗將一具具屍體搬開，說什麼也要吃掉他的頭。從悶頭躲避的鴕鳥心態轉變成正面對決，李化龍終於迎來了關鍵性的時刻。

他最終找到了方法，以最原始的方式擊退了野狗。屍堆在這裡象徵著潛意識的深處，當他已退無可退時，他所能憑藉的只剩下手中握著的石塊，而非戰無不勝的神劍或能隱形的斗蓬。換句話說，人脫去了文化，回到了最原始的處境，必須以血肉之身來對抗即將到來的心靈變局。在那裡，既沒有神仙法術，也沒有法寶道具，只有赤裸裸的雙手與被逼到牆角後的勇氣。信仰在此處毫無用處，相反地，只有「行動」才能在這樣危急的退行時刻使自我得到拯救。因此傳說裡非但沒有道士僧侶，也沒有口念著「南無觀世音菩薩」祈求奇蹟發生的純樸農民。

救贖從來不會來自外界，而是源於自己。心態決定了一切。自我的力量在退行的最後關卡變得尤為重要，否則我們就會被潛意識的黑暗給吞沒，被野狗吸乾腦漿。雖然我們一再強調人的一生有邁向完整的趨向，但這個趨向並非完全無意識的，它同時需要我們有意識地去接近、去努力。

擊退野狗：人不可坐視陰影將自己吞沒

我們在〈屍變〉傳說中就曾看到，擺脫僵屍追趕的方式只有一個，那就是：停下來。當車伕隔著大樹與僵屍周旋時，他才為自己取得了最終得以逃離生天的機會。李化龍同樣如此，他的躲避最終被證實是無效的，野狗很執著地想要吸食李化龍的腦袋。易言之，他已到了非採取行動不可的時候了。

李化龍猛然一躍，轉過身來大力地將石塊砸向野狗的臉，正巧擊中了後者的嘴巴。野狗的嘴裡流出大把鮮血，負傷而去，李化龍還從血泊中撿到了兩顆牙齒。野狗是暫時逃走了，但沒人能保證牠不會再復返。這說明了黑暗的性質，它無法被徹底驅逐或殺死，猶如身心症狀難以完全消除一樣。它就是我們的一部分，如果消除或殺死了它，我們內在的某部分自我也會跟著死去。但當事人也不能任之聽之，畏縮地將自己藏在屍堆中，並在危險臨頭時坐以待斃。這個過程不是零和遊戲，不存在著唯一的勝利者。所謂的整合，指的絕非自我被潛意識給吞沒，而是兩者產生了有益的接觸。

人若要擺脫身心症狀的折磨，就得尋求與內心的食屍者溝通，與野狗所象徵的陰影和解，有時甚至必須轉身與之對抗，不能全憑妖怪將自我徹底佔領。那一刻，妖怪才會從犬頭人身的野狗化為守護亡者的阿努比斯，陪伴原先老化的人格走向重生之神歐西里斯。野狗傳說想說的不是別的，而是我們應當在處於退行的最深處時轉身和陰影對決。我們毋須殺死陰影，但也絕不可坐等陰影將自我給消滅。

從退行最深處回歸：行為界定了我們是誰

人是現實中的人。肉身與物質，責任與倫理從來都不是應當割捨的東西。它們雖然是我們親近神聖的阻礙，但也是我們走向神聖的橋梁。逃避靈性固然對完整有害，靈性逃避也同樣如此。世界是內心的延伸，如果我們亟欲逃離擺脫世界，或許問題並非出在世界，而是自己。

以長期抗拒上學的孩子為例，親友的耐心、社會資源的投入終會有耗盡的一刻。除非我們提供支點，否則外人將難以對我們的心施力。這是為什麼拒學的孩子如此難以治療的緣故。因為他們切斷了與外界的聯繫，任何輔導人員都無法親近。〈野狗〉裡的人妖對決所描述的並不是什麼驚人的情節，但從心理學的角度看來，卻是難能可貴的勇敢之舉。李化龍沒有〈細腰〉裡的何文所具備的膽大心細，他和多數的普通人一樣，總是想要躲避內心的黑暗。但直到再也無可迴避的那一刻，他選擇將恐懼轉成勇氣，狠狠地教訓了那個連僵屍都害怕的妖怪。這一刻他所戰勝的不只是象徵著黑暗的野狗，還有那個原先軟弱無能的自己。

若將結局放進現代場景，我們大概可以這麼宣稱，李化龍的症狀將會逐步好轉，他會慢慢明白，只有「行為」能界定我們自己是誰，而不是我們的階級、出身、信仰或其他的什麼東西。他的中年危機將就此退去，從屍堆裡站起來的李化龍將會從那次可怕的潛行經驗中獲得極有意義的寶貝，那就是勇氣。他的生活也將重拾滿足與平靜，同時用更有創造力的觀點來處理現實事務。他的親友們肯定會發現李化龍變得不一樣了，他的反抗使他最終成為了現場唯一的活人，而非那群倒地等死的僵屍。

妖怪掉落的牙齒成為了他個體化路上的重要證明，他曾經逃避過黑暗，恐懼過黑暗，但最終以英雄之姿面對了黑暗。結局說道，李化龍將牙齒拿給眾人看，卻沒人知道那是什麼。換句話說，此時的他不僅已從退行的最深處回歸，甚且能描述當時的心境與遭遇。沒人知道那是什麼怪物不是很正常的嗎？因為那是專屬當事人的紀念與經歷。但李化龍的心裡肯定明白，那是一個愈恐懼就愈強大的妖怪，而自己曾經無畏地擊退了牠！

六、黃英（中國・《聊齋誌異》）

故事大綱

順天人馬子才一家都喜愛菊花，他本人更是痴迷。只要聽說哪裡有好品種，不遠千里也要把它求來。某天，有個金陵來的客人跟他介紹了兩種北方沒有的菊花。馬子才動了心，整理行裝跟著客人來到南方，那客人千方百計才把這兩種菊花弄到手，馬子才將之當成寶貝一樣仔細地包好準備回家。返程途中，他遇見了一個文雅的年輕人，風度頗為瀟灑。兩人聊起天來，原來那年輕人姓陶。陶生問馬子才從哪邊來？馬子才告訴了他來南方的原因。

陶生說：「菊花的品種沒有不好的，關鍵在於培育者。」因此就和馬子才聊起菊花的培育法，見解非常獨到。馬子才非常高興，於是問他打算去哪？陶生說：「我姐姐對金陵已經煩了，所以想要搬到河北去。」馬子才說：「我家中雖然貧窮，但屋子還是可以住的。如果不嫌棄，就請跟我一起回家吧！」陶生決定與姐姐商量，只見車簾子打開後，一位美人望著他說：「房子小一點沒關係，但庭院一定要寬廣。」馬子才聽年輕人答應了，於是就一同返回家中。其住房的南面有一塊苗圃，上頭只有三、四間小屋，陶生一家很高興地在那裡住了下來。他每天都到北邊去幫馬子才整理菊花苗，那些枯萎的菊花被他重新栽種後都活了下來。陶生常常來馬家一起吃飯，馬子才發現陶生家似乎不太生火。馬子才的妻子叫呂氏，也很喜歡陶家姐姐，常常送糧米過去給她。陶家姐姐小名黃英，也很健談，常常過來馬家與呂氏一同紡織。

某天陶生對馬子才說：「你的家裡不富裕，我又常過來跟你一起吃喝拖累你，這樣下去可不行。我想了個辦法，可以賣菊花為生。」馬子才聽後相當不悅，說道：「我本以為你是安於清貧的高雅之人，沒想到你會說出這種話來，以苗圃為業，未免太委屈菊花了。」陶生笑著回答：「我倒覺得，自食其力不是貪婪，賣花也絕非庸俗哩！一個人固然不能為了富貴苟且行事，但也不一定要貪圖貧困。」馬子才沒說話，於是陶生自行走了出去。

從此之後，凡是馬子才丟棄的劣種殘枝都被陶生撿了去，陶生也不再主動去馬家吃飯，除非對方邀請。不久後，陶生種的菊花全開了，家門口門庭若市，馬生覺得奇怪，跑去偷看，發現到處都是用車載的、用肩挑的客人，買家絡繹不絕。那些賣出去的菊花都是他沒見過的奇異品種，馬生很氣陶生的貪婪，又恨他私藏這些好品種。陶生見到了他，笑臉盈盈地拉著他的手，邀請他進去，只見那原本荒蕪的庭院已經長滿了菊花苗。馬子才仔細一看花苞，這才發現那些都是他原先丟棄的。

陶生擺上酒席，向他說道：「我不能守著清貧，幸好這幾天收到一點錢，足以讓我們喝個盡興。」過一會兒，屋內喊著「三郎！」隨後端出了許多菜色，都非常美味。馬生於是問道：「令姐為何還沒出嫁呢？」陶生回答：「時間還沒到。」馬生又問：「什麼時候才到呢？」陶生回：「四十三個月之後。」馬生問：「此話怎說？」陶生笑笑地並不回答，一直到酒喝盡興了才離開。隔天馬子才又去拜訪，看見新插的菊花竟然已經一尺多高了，於是苦問栽植的方法。陶生說：「這不是言語可以傳授的，再說你又不以販花為業，沒有必要知道。」幾天之後，客人比較少了，陶生就載著一捆花離家。

第二年春天，陶生返家了。帶著南方的各個品種回來，在城裡開設花舖，十天就全賣光了，於是又返家栽種菊花。買花者留下的花根第二年全死了，只得又來向他買花，於是他一天天地富裕起來。他在庭院內隨己意蓋起大房子，全沒跟馬子才商量，然後又在屋外買了一片田地種花，當年秋天又載著一捆菊花離家，隔年春天卻沒回來。此時，馬妻呂氏病故了，馬子才對黃英頗有好感，暗地請人詢問她的意思，黃英似是同意，只是得等弟弟回來。

一年多後，弟弟還是沒回家。黃英催促著僕人種菊花，她的功夫比起弟弟毫不遜色，屋舍愈蓋愈豪華。忽然有一天，廣東來的客人捎來一封陶生的信，內容是要姐姐嫁給馬子才。寄信的日子正是馬妻病故的那一天，馬子才回想起當時說的話，恰好離此時四十三個月整。於是兩人結了婚。婚後馬子才認為靠妻子的財富過日子未免可恥，因此家業分為兩份，算得很清楚。凡家裡有需要的，黃英都從自家處取來，馬子才知道後，又遣人全部送回，並告誡不可再拿來。日子一久，很難算得清。黃英笑道：「陳仲子，你也太操勞了！」馬子才覺得慚愧，這才接受了下來。於是黃英將南北兩屋的牆壁全打掉，終於合成了一家。

但黃英還是聽從了馬子才的想法，不再以販賣菊花為生。但家中依舊富裕，馬子才很不自在，對黃英說：「我過了三十年的清貧日子，現在被你拖累了，靠著妻子的財富過活，讓我覺得自己不像個男人。世人都祈願自己富貴，我倒希望自己窮一點好。」黃英回答：「不是我貪鄙，只是若不稍讓自己富貴一些，就會讓自己像陶淵明一樣千百年來受到那些下等人的恥笑，說他是個賤骨頭，就是過了百代也發不了跡。所以姑且為我們家的彭澤令（意指陶淵明）擋掉世人的嘲諷而已。貧賤的人要想富貴很難，富貴的人要想貧賤卻很容易。床頭的錢你自可拿去隨意花用，我不會吝惜。」馬子才說：「花別人的錢，也讓我覺得羞恥。」黃英說：「您不願富貴，我也不願窮困。沒辦法，只好分房睡了。清者自清，濁者自濁。」於是在園子內蓋了一間茅屋，讓美貌的婢女侍奉馬子才在那裡生活，馬子才這才覺得安適。但才過了幾天，就很思念黃英。叫她過去她不肯，不得已，只好馬子才自己過去找她。每兩天就在那裡留宿一次，漸漸變成了習慣。黃英笑說：「東邊吃飯西邊留宿，這好像不是廉潔之人會做的事。」馬子才也自己笑了起來，實在答不上話，於是夫妻兩人又住在了一起。

後來馬子才有事來到金陵，正是菊花盛開的秋天。某天早上路過花市時，見到了很多品種奇特的菊花，他懷疑是陶生所種。不一會兒，主人出來了，果然是陶生！他們很高興地敘起舊，馬子才問他怎麼不回家？陶生回答：「金陵是我的故鄉，我要在這裡安家，我這幾年賺了不少錢，請你幫我拿給姐姐。我年底會回去拜訪你們的。」馬子才不聽，苦苦地哀求他：「現在家裡已經很富裕了，不需要再賺錢了。」於是打發僕人把菊花給賤賣，幾天之內就賣光了。然後逼著陶生準備行李，當他們返回家後，黃英已經整理好一間房子等著弟弟回來，彷彿事先就知情了一樣。

陶生回來後立即整治庭園，天天和馬子才下棋喝酒，不再結交其他友人。馬生勸他結婚，他不肯。於是姐姐安排了兩個婢女服侍他，幾年後其中一位為他生了一個女孩。

陶生一向很能喝酒，從沒醉過。馬子才有個朋友叫曾生，也非常善飲。馬子才介紹兩人認識，雙方都覺得相見恨晚，他們當天從辰時一路喝到四更天，各喝了一百壺。曾生爛醉如泥，癱倒在座位上睡了。陶生起身回房，踩在苗圃上時摔倒，衣服散落，身體竟然變成了一棵菊花，有一個人那麼高，開了十幾朵花。馬子才嚇到了，趕緊通知黃英，黃英連忙趕至，將菊花拔了起來，說道：「怎麼喝成這個樣子！」然後她將衣服蓋在菊花上，催促馬子才別看，隔天兩人來到苗圃，只見陶生睡在原地。他這才明白，原來姐弟都是菊花妖，但馬子才反因此更加鍾愛他們。

自從身分暴露之後，陶生喝起酒來更是不知節制，常常邀請曾生前來喝酒，兩人結為莫逆之交。二月十五日的花節，曾生親自帶著一罈藥酒來拜訪，相約一起將它喝完。酒要喝完了，但兩人還沒有醉意，於是馬子才又偷偷加了一罈酒進去。喝完之後，曾生醉倒了，僕人將他抬了回去，陶生則又在原地變成了菊花。馬子才這回不害怕了，他把菊花拔起來，拿著衣服蓋住，守在旁邊看著，但過了很久，菊花卻慢慢地枯萎。馬子才很是驚慌，趕緊叫來黃英。黃英聽聞後說：「你殺死我弟弟了！」只見菊花的根都枯了，她悲痛欲絕，連忙掐斷花梗，將菊花埋在盆中，帶回自己房間，每天親自澆水。馬子才悔恨不已，因此很氣曾生。

幾天後他才聽說曾生回家時醉死了，而盆中的菊花則慢慢開出了新芽，九月時開花，幹短且花朵粉嫩，聞之有酒香，因此取名為「醉陶」，用酒澆灌它就會長得特別好。陶生之女長大後嫁給了好人家，而黃英一直到老也沒有什麼異狀。

故事解析

高潔之人也需歷經個體化之路

雖然妖怪是因「反」而來，但這篇的花妖卻讓人倍覺可親可愛。菊花幻化成人，與人結為連理，又好飲酒，甚至醉死亦不足惜。子曰：「不得中行而與之，必也狂狷乎！狂者進取，狷者有所不為。」此篇傳說裡的菊花妖正是前者，他是男主角馬子才的陰影。

馬子才居住的順天府就是現在的北京，他全家人都喜歡菊花，尤其他本人更是愛菊如命。菊花與梅、蘭、竹，合稱「四君子」，在中國文化中具有相當高的地位。宋代理學家周敦頤就曾稱「菊，花之隱逸者也」；詩人陶淵明更是知名的愛菊者，作詩「採菊東籬下，悠然見南山」。故事裡的菊妖自稱姓「陶」，很顯然有著向陶淵明致敬的意味。

馬子才不僅愛菊，其理想抱負也如同菊花所象徵的品格那樣淡薄名利、潔身自好。這樣的「完人」已幾乎是中國文人中的最高表率了吧！但有意思的是，傳說卻告訴我們，看似完美的馬子才仍然有著缺陷，而這個缺陷是什麼呢？讓我們繼續看下去。

有一天，某個從金陵，也就是從南京來的客人介紹他兩種北方見不到的品種，他決定南下親眼瞧瞧，這個遠離家鄉之舉正是他個體化之路的重大轉折。從北方到南方，意味著馬子才離開了自己熟悉的生活圈，他帶著對菊花的嚮往從已知走向了未知。這是一場向潛意識深處前進的行動，他將在那裡同時遇見自己的理想與陰影。

到了金陵後，客人很努力地幫他蒐集到了這兩個品種。他寶貝似地珍藏起來準備回程，就在路上，遇見了一位自稱姓陶的年輕人和他的姐姐。這位陶生相當懂得栽植菊花，經過一番攀談後，馬子才熱切地邀請他來家中住下，從此兩家往來相當密切。

故事裡頭說，雖然陶生相當懂得培菊，但他對菊花的觀點卻和馬子才不同。馬子才認為，人應該效仿菊花的品德，栽植菊花是為了修身養性，不應做他想，但陶生卻覺得「自食其力不是貪婪，賣花也絕非庸俗」。人固然不能為求富貴而行苟且之事，但也沒必要自陷於窮困。從此他們分道揚鑣，兩家之間也漸漸地少了往來。用深度心理學的話來說，他從南方帶回來的正是自己的陰影。

完整包含著心靈與物質的充實

雖然在過去的許多故事裡，我都批評了過度貼近現實的壞處，然而人畢竟是現實中的人，活在被物質環繞的世界。要知道，物質本身並不是惡的，大自然以其充裕及無私豐富了我們的生活，這本身即是善。享用物質，使自己的身體得到快樂，這本身就接近神性。使它成為惡的不是物質本身，而是我們將之視為「一切且唯一」的錯誤態度。易言之，完整包含了心靈與物質的充實。物質與身體不僅不是惡的，它更是我們開啟與接觸靈性的入口。在那之中我們不僅可以尋得人，也可以尋得神。易言之，神並不自外於我們的身體，因此我們應當對後者表達禮敬。傾聽我們的身體，尊重它的反應。而不是將它釋放的訊息視為應該消滅的症狀或可以忽略的訊號。

親近我們的身體指的既不是蔑視，亦不是放縱，而是如其本然的態度。當餓了的時候我們就吃，當渴了的時候我們就喝，哭泣的時候哭泣，安眠的時候安眠，不去追求那遠遠超過了滿足的刺激，沒有比這些行為更接近於道的。

因此大自然從不貧困，菊花亦是如此。真正貧困的是馬子才，以及他日趨狹隘的理想追求。因此陶生的出現正是為了補償他原先錯誤的生活態度。當他聽到陶生講出這番話時，馬子才生氣地說：「本以為先生是高雅之人，沒想到竟說出這種話來！」依他來看，以苗圃為生簡直是玷汙了菊花。沒想到後來陶生將他丟棄的殘枝撿回去培植，竟然養出了許多珍異的品種，他氣惱陶生從來沒有跟他分享這些菊花，後來才發現那些花竟然是原先淘汰的劣苗殘枝，他因此感到羞愧。

能使衰敗人格再生的陰影之手

陰影是被我們否認丟棄的某部分自我，在那個地方裡，往往有著能重新肥沃我們人格的土壤。這是為何馬子才不要的劣苗殘枝到了陶生手裡後，能夠變成珍異品種的原因。人人都珍視這些花，因此購買者擠滿了陶生的門庭。如果陶生象徵著馬子才的陰影，這不啻在說，陰影具有使衰敗的人格再生的創造能力。而這些源自陰影之手的花之所以受到眾人喜愛，更意味著黑暗內部蘊含了能夠感染他人的生命。只有在生命力最飽滿旺盛的時候，植物才可能開出花朵，但苦苦追求著理想的馬子才，卻反而沒有栽植出這種花的本事，這豈不是最大的反諷嗎？

在他們初次相遇時，陶生就曾意味深長地說：「菊花的品種沒有不好的，關鍵在於培育者。」易言之，人的心靈沒有多餘。當中的每個碎片，或者我們揚棄的每種價值都自有它的完整與美，只是意識自我並不明白它而已。

在《故事裡的心理學》上冊中，我曾談過一則名為〈陰影〉的安徒生童話，故事中的主角是一位飽讀詩書的學者，專門研究真善美等議題，但他的影子卻專門寫那些人間最醜陋的東西，後者還因此賺得許多名聲與財富，當中也頗有這樣的意味。

當我們追求光明，自詡為人間典範時，是不是正犯下了這樣的錯誤？但當我們只想著精確，只想成為讓自己或將小孩培養成「人上人」時，就會離生命愈來愈遙遠。如果知識只讓我們成為了一個不懂生活，或難以生活的人，那麼這對自己與他人又有何益處呢？前者把自己變成了機器，後者則會使自己感覺是社會中多餘的人。

中年危機的兩大處理方向

生存與生活是人的前半生念茲在茲的事，這也是個體化之路所必須。但中年之後，生存的重要性將漸漸讓位給意義，此時浮現的難題被榮格稱之為「中年危機」。

在面對中年危機時，我們會有兩種不同的處理方向：其一是對物質與成就的不停累積。這類人會將面對死亡焦慮的時機不斷遞延，直到退休或老年時才打算面對，猶如拖到開學前才想起暑期作業還未動筆的學生。到了那時個體化的功課或許已積重難返。許多人曾向我諮詢，家中若有這樣的長輩該如何幫忙他面對生命最後的考驗？我只能說，那為自己做了更多內在工作的人，將擁有較多的機會在人生的盡頭獲得完滿之感，反之則不然。很遺憾地，這不是他人可以為之代勞的事。

其二是給出自己。那能給出自己的人會愈分享愈多，猶如陶生能使殘枝劣種轉成珍稀花苗，讓原先無人理睬的死物變成搶手的寶貝。如前所述，人的心靈沒有多餘，猶如對深度心理學的愛好者來說，每個象徵都能化為令人讚嘆的啟示。給出自己意味著給出自己的快樂、體會、好奇心、意義感與愛，這一切都不牽涉物質，並因為其所引發的共鳴而得到豐富的回饋。

呂氏之死：阿尼瑪形象的轉化

陶生日後愈加富有，蓋起新的屋舍，又買了大塊田地，後來他去了南方不再回來了，馬子才的妻子病故，他想向陶家姐姐黃英求婚，但黃英似乎要問過弟弟才決定，一年多後，他收到了陶生從南方寄來給他的信，希望姐姐能夠嫁給馬子才，信上的日期正是馬妻去世之日。

陶家姐姐小名黃英，「英」就是花的意思。換句話說，黃花就是菊花。馬子才與黃英的婚姻，正象徵著人與菊花的結合。馬妻呂氏可被視為馬子才的阿尼瑪，她的死以及馬子才的再娶象徵著阿尼瑪形象的進一步轉變。當馬子才與自身的陰影相遇時，起初雖然引發了不快，但卻讓他不得不去碰觸自己過去最敏感的議題：清貧的必要性。這次與陰影的接觸促發了內在阿尼瑪的轉化，因而呂氏之死正是馬生內在女性面即將新生的結果。

果然，妻子離世一年多後，他收到了陶生的信，像是早已預知一樣，寄信日期正是呂氏去世之日。非得經過這麼長的時間，我們內在的異性極，也就是阿尼瑪或阿尼姆斯才能徹底轉化。傳說告訴我們，呂氏與黃英素來友好，相互喜歡。這也暗示著黃英形象正是呂氏的新模範，馬子才的阿尼瑪與他一直以來的人格理想（也就是菊花的品德與象徵），兩者終於結合在了一起。

馬子才的金錢課題：為撥亂反正而生的妖怪

他愛菊，最終也以菊為妻。但這不代表他的金錢課題已經結束，相反地，整合的過程還有困難必須克服。當陶生南遊未返時，他的陰影暫時地離開了，他雖留下了可供人格再生的沃土，促進了他阿尼瑪形象的轉化，卻沒有讓馬子才原先的人格面具有所鬆動。

而另一方面，馬子才雖然開始接受賣花為業的正當性，但對於隨之而來的富裕生活卻覺得很不習慣，身為大男人，他自覺受之有愧，因此要求分家。黃英笑他：「陳仲子，你也太操勞了！」陳仲子是戰國時期的隱士，守義不仕，避世而居。馬子才聽完後很不好意思，於是才將兩家併成了一家。但沒多久，他又抱怨道自己的生活過得太好，寧願貧窮一些。黃英卻說不是她貪心，而是不讓自己有錢一些的話，只會惹得那些下等人的嘲笑。有隱逸之名的菊花竟然也會害怕他人的閒言閒語，因此寧願富貴一些，這可真是發人深省。

馬子才想守著貧賤，無非是為了個人的名譽。但身為菊花妖的黃英姐弟卻與他意見相左，顯然菊花所象徵的高義也不過是人類自身的投射而已。傳說告訴我們，沒有任何一種價值是不能被檢核與反省的，哪怕是千百年來文人傳統所擁護的觀念也是一樣。如此一想，妖怪雖然是因亂而生，其存在的目的似乎也有著撥亂反正的功能。

貧窮不等同於善良，富貴不等於邪惡

富貴並不是一種惡，貧賤也不見得就是良善。相信許多人都曾見過我說的情況吧！所謂的義與不義，它們和貧富之間並不完全相關。事實上，貧賤之人如果抱著憤世嫉俗或澆薄怨恨的心，也不能自詡為高貴。高社經水準確實能讓我們更有本錢變得善良，但可憐之人有時也有著可恨之處。錢財或許更像個放大器，它放大了我們的「心」。貪鄙者會因錢財更加慳吝，良善者卻會因為錢財而使旁人受益。不論富貴或貧賤，我們都應妥善把守我們的心，不需要特別執著於富與貧，或相信只有在某一種狀態中我們才更為傑出與善良。

非特自甘貧賤是如此，自甘於苦難，或自甘於負面狀態的人有時也是如此。有時他們寧願緊抓著某些錯誤的認同不放，也不願改善自己的生活境遇與心態。單純地受苦不會讓人變得完整或高貴，它應當恰如其分地發生。我們遭遇它、覺知它、接受它，但沒有必要挽留乃至崇拜它。易言之，我們面對苦難的方式才決定了我們的深度，而非擁有苦難本身。馬子才卻不懂這些，他錯誤地將外在的貧富與個人品格的高低畫上了等號，於是他深為痴迷的菊花化成了妖怪，一次又一次地點醒他，難道還有比這更溫柔的故事嗎？

黃英說不過他，便為他另建茅草屋讓他獨居，但他每兩天就跑回家裡找妻子，妻子笑他：「東邊吃飯西邊留宿，廉潔之人恐怕不會這麼做吧？」馬子才終於發現了自己的言行不一之處，笑著搬回家來。

男人與他的內在女性

這段與妻子反覆分居、同住的過程，說明了男人與內在女性互動的複雜過程，男人總是受其吸引，又意欲保持獨立。因此男人在成長的過程裡，其重要功課之一就是要學會不受內在女性的役使，同時也不能去役使他的內在女性。也就是說，不被我們的情緒所奴役，也不去奴役或操弄我們的情緒。前者是指不讓自我淪於情緒的僕人，變得陰晴不定，失去對人格的主控權；後者則指不去逼使自己永保某一種情緒狀態，例如盲目的追求快樂或激情，甚至刻意讓自己保持憂鬱。

許多年輕男性都會在這兩極間擺盪，阿尼瑪與陰影不同，陰影讓我們排斥，但阿尼瑪卻是我們的熱情、魅力、吸引力以及慾望之所在。當她被年輕男性投射在外界時，開啟了一般常見的戀愛模式。然而不是每個人都能成熟地和她互動，因此關係裡才出現了各種不快與掙扎。當馬子才與黃英終於能合住在一起時，他才準備好再度離開北方，又一次往陰影所在的金陵而去。雖然此處談的是男人，但女人與自己的內在男性不也是如此嗎？往黑暗而去的旅程往往是反覆進行的，每次的前進都要有上一階段的努力作為基礎。女人的陽性面同樣處於自身人格面具的對立極，與阿尼姆斯的周旋也絕不輕鬆。

隨著深度心理學知識在國內的普及，愈來愈多女性讀者注意到自身與阿尼姆斯的問題，關於這一點，著名的神話《丘比德與賽姬》很值得女性朋友們一讀。分析師諾伊曼在《丘比德與賽姬》及羅伯特・強森在《他與她》之中都曾為此寫過分析，這兩本書在國內皆有譯本，介紹給讀者們參考。這次他來到南方又見到了許多美麗的菊花品種，懷疑這莫非是出自陶生的手？當花店主人現身時，果然是陶生！易言之，與第一次來到金陵不同，此時的馬子才已經具備了指認陰影的能力。馬子才苦苦地哀求他一起回北京，打發僕人賤價賣了他的菊花，陶生不得已，只好跟著馬子才回家。

含笑接受了陰影的馬子才

能在他人身上指認出自身的陰影是一件了不起的成就，絕大多數人終其一生都無法達到。當馬生透過妻子黃英發現自己的言行不一之處並笑著接受時，他明白的不僅僅是過去對人格面具的錯誤執著，同時也會明白陰影是自我的一部分。能夠「笑著接受」自身的對立面，意味著我們終於放寬了心，不再視它為必須加以反抗或嚴陣以待的敵人。正因如此，陶生不再是那個當年被他瞧不起的販花之人，而是一個久違的老朋友。

姐弟的妖怪身分終於要被揭露，陶生和馬子才的友人曾生都喜愛飲酒，雙方相見恨晚，結為莫逆。有一次，雙方在豪飲過後陶生醉倒在地，變成了一株與人齊高的菊花，馬生這才知道，原來姐弟兩人都是菊花妖，他因此更加敬重陶家姐弟。

陰影竟是我們嚮往之物所變，豈有比這更貼切的描述？我們再次回到了〈燈猴〉傳說的主旨：光明之處藏匿著陰影。陶生的狂，對應著馬生的狷，一花一人，一狂一狷，原先對立的兩極如今相互欣賞吸引，意味著馬子才原本矛盾的內外在已日漸整合。當馬子才一心嚮往著菊花所象徵的高潔時，菊花化成了妖怪。如果陰影在深處，光明在高處，兩者的重疊不啻意味著我們的心靈並不是一個平面，而是起點與終點彼此交接的圓。每思及此，我就覺得人是一個高度複雜的存在。我們的理想與恐懼，希望與失望，自滿與失落，愛與恨，實乃對立卻同一的事物。「凡所有相，皆是虛妄。若見諸相非相，即見如來。」《金剛經》此語或許也有這樣的意味吧！但傳說卻告訴我們，這還不是個體化之路的終點。

生命樣貌的改換

原來自從身分暴露之後，陶生喝起酒來更無節制，又一次，他們兩人喝得爛醉，曾生醉倒後被僕人抬回家中，陶生則又變成了一株菊花。馬子才如法炮製，仿效黃英先前處理陶生的方法，將他拔起來，把衣服覆蓋其上，但沒想到這次菊花卻變得更加枯萎，黃英趕到時，驚叫道：「你殺死我弟弟了！」她悲痛欲絕，只能掐斷花莖，插在盆子裡。曾生則醉死在了家中。半年多後，那菊花開花了，短幹粉朵，嗅之有酒香，取名為「醉陶」，澆酒則茂。

當象徵著人格對立極的馬子才與陶生終於取得和解後，作為菊花的陶生也「意外地」迎來了新的轉化，他因醉死而成為新品種的菊花：醉陶。但他的死並不是死，而是轉換型態後的重生。曾生象徵著被命運給包裝成生命的死亡，是帶來終結的好友。雖然他奪走了某些東西，但失落卻使我們的生命變成了另一種狀態，讓陶生從人變成了新品種的花。那些受到枕邊人背叛的元配，或遭好友以不同形式背叛的當事人，也都曾如陶生那樣喜愛並迎接過曾生這個莫逆所象徵的意外或者命運的推動力。那種撕心裂肺的苦，或許某天都能像故事裡說的一樣，轉化成小小而美麗的花朵。因此當我讀到這一段時，心中覺得受到了鼓勵。

固然我們所愛的最終都會離去，但愛又會以其他的型式復返。如果我們的心靈是一個起點與終點彼此交接的圓，那麼生與死就不是截然的對立，而是如小水滴與水蒸氣一樣，是不同名稱與狀態的相同事物。個體化的最高成就是體悟生命最終能以不可思議的方式改換樣貌，小我共同鎔鑄成了大我，而後又在大我之中等待新生。

變形，直到再次相遇

在這裡，我們又見到了第一章關於變形的主題，魚客化為了鳥，而後又隨己意變回人身，傳說再次假借了這樣的手法，來暗示讀者生命型態可能進行的跨界轉換。話雖如此，死亡畢竟如存在主義所說的那樣，它是人的焦慮之源，是我們必須竭盡全力來防衛的終極恐懼。親人之死帶給我們的更是永恆且不可復原的傷痛。事實上，我不曉得還有什麼比起死亡更能使我們慢下生活腳步，深思自己的人生。當它橫亙在生者與逝者之間時，那巨大的、無言的鴻溝使所有人都喪失了語言。

但我們還擁有想念的能力。

一旦回憶來襲，我會告訴自己：為你，那我所愛的已逝之人做一件好事，買一臺玩具小車給孩子，或講一個笑話娛樂朋友，用此來提醒自己對這個世界還有一分責任。一分為所愛的已逝之人再多愛人們一些的責任。就這樣，直到再次相遇。

如今陶生死去，以「醉陶」的新型式再生。開了花的妖怪象徵著馬子才內心的陰影擺脫了黑暗的宿命，為人格孕育出嶄新的品種。陰影作為沃土，終於為我們貢獻出它最具生產力的一切。黃英到老都沒有什麼異狀，這是因為馬子才與內在女性已是相處融洽，阿尼瑪因此不再需要表現出她的黑暗型式，一如我們在〈冥戀〉與〈狐仙〉裡可能看到的那樣。

完整從來不是非此即彼

馬子才從故鄉到異地，兩次的南北往返象徵著兩次前往無意識的旅行。在那裡他結識了花妖，那由他摯愛的菊花所幻化成的妖精，而後他原先緊繃的人格面具逐漸鬆脫，最後終於安然地與他原先厭惡的陰影和諧共處。他的心中不再區分貧富，因為定義一個人不是憑藉這些外在的東西。他本就不屑於趨炎附勢，而今更學會了人毋須畫地自限。只要我們的心寬廣無欺，只要我們自食其力，財物的聚積就不是罪惡。並非只有安貧可以樂道，安富者同樣能如此。妖怪點醒了他，這位愛菊之人，心靈的豐饒無礙於物質的充裕。完整從來不是非此即彼，而是能兼而有之。

他與黃英的人妖之戀同時也是正與反、安與亂的兩極結合，結合的結果是他擴大了自己的產業，家中原先貧瘠的苗圃日漸茂盛豐饒。易言之，人的心胸由狹隘變得開闊，心靈也從呆板單調變得富於創造。這不僅是人與妖的故事，同時也是人與花、人與自身理想的故事。理想本是引領我們創造自身的導引，未想它竟也可以是我們束縛生命可能性的枷鎖。〈黃英〉傳說巧妙地為我們指出了這個現代人難以覺察的弔詭。

在這個強調自我實現，肯定追求個人夢想的時代，如果說夢想與理想竟可能成了可怕的妖怪，或許會令人難以置信吧？馬子才那趟為了求得稀有品種

聖杯傳說流傳於中世紀，在其中一個版本裡，聖杯的擁有者漁夫王受了傷，必須等待純真的聖杯騎士帕西法爾（Parsifal）走進聖杯城堡對他問出一個正確的問題才能治癒。但帕西法爾來到城堡後，卻謹守母親的教訓不發一語。於是他錯失了治癒漁夫王的契機，在接下來的旅程裡，他帶著懊悔不停尋覓著重返聖杯城堡的機會，直到多年之後才又得見聖杯城堡。他這次會問出那個問題嗎？傳說到此結束，沒有給出答案。

■ ©DEA/ A. DAGLI ORTI/De Agostini via Getty Images

的南方之旅正是被他自身夢想所驅動的，幸而他帶回了遠比那兩株奇花更珍貴的寶物，那就是對生命的完整了解。至於是不是人人都能有這分幸運，這得由讀者您親自走上這一遭才會知道。

故事不再交代馬子才的結局，但我們已經很熟悉傳說的運作方式了。變形傳說中的魚客是如此，狐仙傳說中的鄭六是如此，異婚傳說裡的柳毅是如此，就連盛行在歐洲的聖杯傳說也是如此。故事的講述者假設我們已心領神會，不需再有言語，不需再做多餘說明，在那一刻，聽者已成為了萬古心靈的一部分。

結語

妖怪傳説千奇百怪，先人留下的一篇篇故事無不述説著他們在個體化之路遇到的諸般難題。妖怪被古人們視作亂與反的產物，天與地、人與心都在此時遇到了瓶頸。因而心靈創造了各種異象，並投射、附著在身邊的任何事物上。妖怪因此是可怕的，無法用常理來推斷。

然而妖怪也是可愛的，因為牠拒絕被「常理」所規範，並以其多元的樣貌反映了人心的廣闊，所以我們才在傳説裡看到妖怪帶領我們走向整合，一如深山裡的雪女；並應允無懼的人們發掘出內心本有的寶藏，一如大宅院裡的細腰；在長冬將盡的時刻我們應當面對內心的燈猴；在對生命失去感動的時刻我們要當心自己成為僵屍。人的心靈可以墮落成野狗那般的食屍鬼，也可能歷經多次的變形，在花與人之間自在轉換，將內在的劣苗殘枝培植成奇花異草，使人親之愛之。

妖怪故事總是反應著當時某個或某群人的心理失衡。使失衡的重獲平衡，我們就成功地展開了第一步，然後是再一步，下一步，直到我們逼近完整。個體化的路就是面對內心妖怪的路，我們提起勇氣面對、指認、陪伴，然後將它再次整合進來。終點等待著我們的是什麼已不再重要，重點是這趟伏魔降妖的旅程讓我們與自己和解，使我們成為了貨真價實的英雄。